はじめて学級担任になるあなたへ

野口美代子
Noguchi Miyoko

高文研

●──この本を手にされるあなたへ

　ここで紹介するのは、あくまでもひとつの案で、このとおりにすすめなければならないというものではありません。でも、「できればこんなふうにしてやってほしいなあ！　そうすれば、きっと子どもたちは学校を楽しいと思ってくれるだろう。そして、保護者も、楽しんで学校に行くわが子を見て、『はじめての担任だけど、しっかりしていてやる気がありそうだ』と、信頼してくれるにちがいない」と思うのです。

　地域や学校によって、始業式や入学式の日程などもかなりちがいますし、校舎や教室、施設・設備なども全然ちがうかもしれませんから、そこは臨機応変に組みかえてください。

　また、学年によっては、はじめからなにもかも統一されていることもあります。でも、それもひとつのやり方で、そこから学べることもたくさんあると思いますので、この本のとおりにできないからとがっかりすることはありません。なかなか予定どおりにはすすまないものです。何が起こるかわからないので、決してひとりで悩まず、学年や職場の先輩に相談しましょう。大切なことは、子どもたちが心から学校を楽しいと思えるようにすることです。子どもを真ん中において考えると、それが見えてきます。

　これは、私が30数年間の教員生活の中で、サークルや教育研究集会、先輩教師や同僚、そして子どもたちや保護者の方々から学びながら、失敗や成功をくり返しつつ、その時、その時の子どもたちの状況に合わせて自分なりに工夫して到達した「ひとつのやり方」です。

　はじめて担任をするみなさんに、心をこめて贈ります。がんばってください！

●——もくじ

この本を手にされるあなたへ 1

Ⅰ 始業式までにしておきたいこと

《1》子どもの名札をつくる 6
《2》名簿順に座席を決める 8
《3》自己紹介のプリントをつくる 10
《4》学級通信第1号を書く 12
《5》教室の設営をする 14
　❖コの字型の座席 16

Ⅱ 子どもたちとの第1日目

《1》着任式&始業式 18
《2》くつ箱から教室へ 20
《3》学級びらき〔その1〕あいさつ〜出席をとる 22
《4》学級びらき〔その2〕自己紹介 24
《5》学級びらき〔その3〕基本的人権を守る姿勢を示す 26
《6》学級びらき〔その4〕学級目標を提案する 28
　ワンポイントアドバイス 1日目の仕事いろいろ 30

Ⅲ 子どもたちとの2日目

《1》学級びらきの会〔その1〕子どもたちの自己紹介 32
　❖子どもたちが描いた自己紹介プリント 34

《2》学級びらきの会 〔その2〕楽しみながら仲間を意識させる「集団あそび」 36

《3》学級びらきの会 〔その3〕「班」を意識させ、リーダーの動きをつくるゲーム 38

《4》学級指導 ——班長を決めて、育てる 40

　　ワンポイントアドバイス こんなことにも心配りを！ 42

Ⅳ 学級活動いろいろ

《1》日番と学級代表 44

《2》朝の会 46

《3》給食当番 48

《4》そうじ当番 50

《5》係り活動 52

《6》終わりの会 54

《7》れんらく帳の役割 56

Ⅴ 授業のわざと工夫

《1》授業びらき ——オリエンテーション① 60

《2》授業びらき ——オリエンテーション② 62

《3》話し方の工夫 64

《4》板書とノート 66

《5》発表するとき、聞くときのルール 68

《6》教材・教具を工夫する ——算数の場合 70

《7》教材・教具を工夫する ——国語の指導 74

VI 問題を抱えた子どもへの対応

《1》子どもの"荒れ"はヘルプのサイン 80

《2》怖い経験を心に抱えていたPくん 84

《3》心を閉ざし、廊下で固まるQくん 86

《4》両親の間で傷つく竜くん 88

《5》さびしい女子の4人組 90

VII 学級崩壊で苦しまないために

なぜ「学級集団づくり」が必要か

❖やりなおせるものなら、新任のときの5年生を 94

❖学級づくりは、集団づくり 95

❖群れと、集団のちがい 96

❖リーダーづくり 98

❖文化活動・行事を大切に 100

❖楽しい活動で子どもたちのエネルギーを結集する 104

❖文化活動のもつ威力と魅力 106

❖学校を心から楽しいと思えるところに！ 108

あとがき 109

装丁＝商業デザインセンター・松田 礼一
本文イラスト・広中 建次

Ⅰ 始業式までにして おきたいこと

　子どもたちとの「すてきな出会い」をつくるために、準備期間として与えられた時間は少ししかありませんが、始業式に出会う子どもたちへ思いをはせながら、できるかぎりの準備をしておきましょう。

Ⅰ 始業式までにしておきたいこと

《1》子どもの名札をつくる

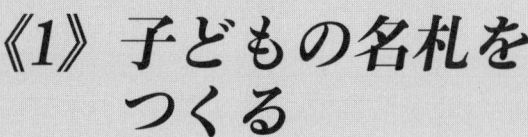

◆手づくりの名札をつくる

　学級の名簿をもらったら、まず子どもたちの名札をつくります。最初の座席を黒板に掲示しておくためです。市販のマグシートではなく、黄色い色画用紙で、たて4cm、よこ8cmぐらいの手づくりの名札がいいです。それに、太いマジックインキで子どもの名字を書き、裏にマグタックピースをよこに2コならべて貼ります。マジックの色は、男子は青、女子は赤でもいいし、男女混合名簿などのとりくみがされている学校だったら、全員黒でもいいでしょう。子どもたちの習った漢字だけ使います。

　市販のマグシートは便利なのですが、黒板にピタッとくっついてしまうのでとてもはがしにくいのです。それに、何となく冷たい感じがします。先生の手づくりの方があたたかみがあり、子どもにも扱いやすく、見やすいと思います。使わないときはプラスチック小箱にいれて保管すれば、1年間はもちます。

　これは、最初の座席の掲示にも使いますが、給食当番や係を決めたり、ドッジボールなどのチーム分けや、班がえをするときなどにも役に立ちます。

　名札に名前を書きながら、子どもの名前を唱え、書き違いやもれがないかを名簿で確認して、また名前を唱えていくと、いつの間にか覚えてしまいます。書くのは名字だけですが、唱えるのはもちろんフルネームです。

◆くつ箱・ロッカー用は名札シールだけ、班ごとの名札も用意する

　1年生なら、くつ箱も机もロッカーも先生が名前を書いて貼っておくことになりますが、2年生以上なら、自分で書かせる方がいいので、ランドセル、手荷物、くつ箱用に一人3枚分の名札用タックシールを、人数分以上（書きまちがえたりする子がいるので）用意し、教卓か、自分の机の中に入れておきます。

　鍵盤ハーモニカや絵の具バッグ、習字道具などは、個人のロッカーに何もかもごっちゃにつめこむよりも班ごとにまとめた方が、きれいに整頓できて取り出しやすいので、子ども用ロッカーのあまったのを班用にして「1班」「2班」と班札を貼って、そこに入れさせるようにするとよいでしょう。

　もちろん子どもたちに、なぜそうするかを提案して、了解を得てからですが。班員の数が多くて1個のロッカーだとはみ出すときは、「班はみだし分用」ロッカーをつくっておいてやりましょう。

Ⅰ　始業式までにしておきたいこと

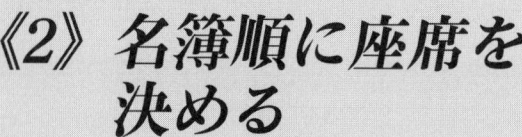

《2》名簿順に座席を決める

◆最初の座席は名簿順

　名簿順と言っても、機械的にではなく、前学年の担任とのひきつぎで、配慮を要する子どもはできるだけ前にくるように、また、隣どうしになるとまずいと判断される子はうまく離せるように、前から順や後ろから順をまぜたり、男女の数で調整したり、自分なりに説明がつくように工夫します。一つ、二つなら、うっかり順番をまちがえてしまったという言い訳も可能です。初日はできるだけトラブルをさけ、楽しくスタートしたいものです。

　はじめに座席を決めておくのは、早く子どもの名前と顔を覚えるためです。

　高学年にもなると、はじめから座席が決められていることに不満を言うかもしれませんので、理由と期間（2週間ぐらい）を言って了解を求めます。

　いきなり好きなところに座らせると、前のクラスの子どうしや、仲良しどうしがさっと席を陣取ってしまい、どこのグループにも入れなくて、空いている席にも座りにいけず、入り口で立ち往生して泣き出すような子も出てくるかも知れません。

　泣きながら家に帰ってしまったら大変です。そういう子は、はじめに自分の席が確保されているとほっとします。そして、明日もあさってもこの席に座ればいいのだと安心して学校に来てくれます。

　この方法は、私が新任で5年生を担任したとき、何の準備もせずに好きなところに座らせて、前に集中してもらうまでが大変だったので、何事も先手必勝という気持ちからやり始めたのがきっかけなのです。

◆コの字型の座席がおすすめ

　1年生の1学期以外は、コの字型の座席をおすすめします。

　教室に入ったとたん、目の前のコの字型の座席を見て、子どもたちは「おおーっ！」とびっくりします。「何か変わったことがおこりそう」というわくわくした気分になるようです。「さあ、これからみんなで知恵を出し合って、学び合いましょう」というメッセージを感じるのでしょうか。

　教師が中央に立つと、後ろの列までぐるっと見渡せるので、一人ひとりの顔もよく見えて、計算や文字のまちがいもすぐ発見できます。

　前の人の間から顔が見えるように席を横にずらすと、背が低くても前が見えるし、おたがいに顔を見ながら話し合いができて、とてもいい感じです。

　黒板の字を視写するときは、机を前に向けて黒板が見えるように少し移動し、給食のときやグループで話し合うときは班ごとに机を合わせます。

　解放感があるので、さわがしくならないかという不安もあるかと思いますが、意外と大丈夫です。「この座席が楽しい」と気に入ってくれたら、変えられないようにお互いに注意し合います。

Ⅰ 始業式までにしておきたいこと

《3》自己紹介のプリントをつくる

◆自己紹介はプリントで

　早くみんなに自分のことを知ってもらいたい、親しみを感じてもらいたい、やる気をアピールして、自分にたいする期待と安心感を、子どもたちだけでなく保護者にももってもらいたいという願いを込めて、「わたし（野口先生）はこんな人です」をつくります。子どもたちも、保護者も「こんなのもらったの、はじめて！」と、きっと喜んでくれます。

　趣味や特技だけでなく、ひとから見たら短所に見えること（口が大きい、脚が太いなど）でも、ぜんぜん気にしなくていいよ、肯定的に見れば自慢できるのだということを、子どもたちにも伝えたいと思います。また、先生の家族構成なども書くと、よりいっそう親しみを感じてくれるかも知れません。

　一度つくれば、次年度からも使えますが、最初から良いものができるとは限りませんので、学年が変わるたびにつくり変えながらよりよいものにしていけばいいでしょう。そうして気に入ったのができたら、あとは年とともに顔の小じわを一本ふやしたり、たまに髪型が変わったり、私の場合は、姪や甥の学年がひとつずつあがっていくだけになっていきます。

　学年の先生にも、「こんな自己紹介をつくりました。よろしくお願いします」と言って渡せば、まずストップをかけられることはないでしょう。

◆初日の宿題は「ぼく・わたしはこんな子です」

　子どもたちのこともくわしく知りたい、そして早くみんなとなかよくなりたいので、初日の宿題はＢ４の白紙を１枚わたして、子どもたちの自己紹介「ぼく・わたしはこんな子です」を描いてきてくれるように「おねがい」し

子どもたちに配る自己紹介プリント
「わたし（野口先生）はこんな人です」

ます。そのとき、参考にしてもらうのが、先にみんなに手渡した自己紹介「わたし（野口先生）はこんな人です」です。

「こんなふうに書くんやで」と伝えておくと、子どもたちは、先生に自分のことをわかってもらおうと、お気に入りの服を着せて、色鉛筆できれいに色を塗ったりして、どんなに楽しみながら描いたかが目に浮かぶぐらい、一生けんめい描いてきてくれます（34〜35ページ参照）。

2日目の「学級びらきの会」での子どもたちの自己紹介は、その作品をみんなに見せながら、自分のアピールポイントを紹介してもらいますので、とても盛り上がります。「あしは短いけど、走りは速いです」とか、「お気に入りのあだな」や「しょうらいの夢」などを紹介してくれたりもします。

あとは色画用紙に貼ってしばらく教室に掲示すると、4月の参観日の掲示物にもなり、保護者の方々にも見てもらえます。その後、私の宝物になります。

▲子どもたちが自分の紹介を描くとき、参考になるように、趣味や特技だけでなく、短所なども書いておく。

I 始業式までにしておきたいこと

《4》学級通信第1号を書く（または「ごあいさつ号」）

◆担任のやる気を伝える手段として

　この１年、自分が一番大事にしていきたいことを書きます。紙面には、自分の学級経営方針、最初の座席ものせて、その理由や期間、困ったときのことなども文章にして、子どもたちだけでなく保護者にもお知らせします。

　「やさしそうだけど、基本的人権をおかすことにはきちっと怒ってくれて、楽しい１年になりそうだな」と、安心してくれます。

　４分の３は子ども向け、残りを保護者向けのコーナーにして、保護者へのごあいさつを書き、必ずおうちの人にも見せるように、配達義務を子どもたちに負ってもらいます。

　もし、２号、３号を書く自信がないときは、「学級通信」とはしないで、「ごあいさつ号」にしておきましょう。そして、そのつど内容に合わせて「○○大会がんばった号」とか「もうすぐ参観日号」などと、子どもたちのがんばりを評価してはげますとともに、そんな子どもたちの様子をおうちの人に知らせるようにするといいです。

　書く量によってはＢ５にしてもいいです。誤字・脱字があると、かえって信頼を失いますので気をつけてください。

　学校や学年によっては、学級独自の配布物を規制される場合がありますが、自己紹介のプリントといっしょに、学年の先生方に「こんなのつくりました」と言って配ると、「はりきってるね」と大目に見てもらえると思います。

　学級通信はやがては、学級経営の一環として、子どもたちの書く『学級新聞』へと発展させていきます。

手づくりの学級通信第一号

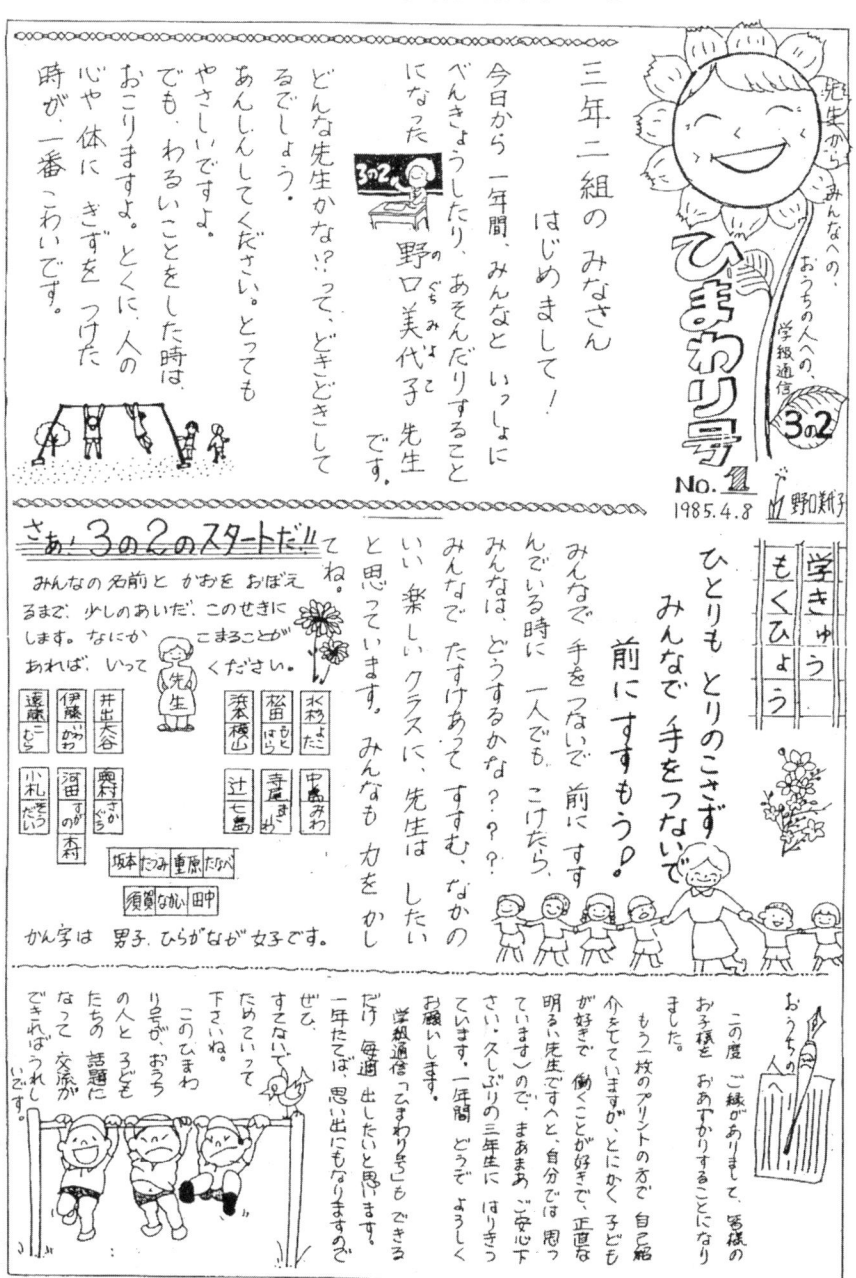

▲学級通信は、自己紹介プリントといっしょに子どもたちの机の上にあらかじめ置いておく。

Ⅰ 始業式までにしておきたいこと

《5》教室の設営をする
学級びらき用のグッズの用意も

◆黒板には、子どもたちへのメッセージ

　まず、黒板に「〇年生に進級、おめでとう！」、右側に「1年間、なかよく楽しくやっていきましょう！　担任は〇〇〇〇です。よろしく！」、左側に「自分の席にすわったら、机の上のものをすみずみまでよく読んでおいてください」と書いて、その横に名札で名簿順の座席を掲示しておきます（次ページイラスト参照）。私の場合は、黒板にミッキーマウスを10秒で描いてみせるために、いつも中央を大きくあけておきます。

　次に、机を座席表のとおりに並べかえます。子どものいすに座って、黒板の見え方や、文字の大きさは適当かどうかもチェックしておきましょう。机やいすが足りないときは、すぐ学年の先生に言ってそろえておかなければなりません。机といすの号数（高さ）が合っていなかったり、前の方に高い机があったりしたときは、できるだけ入れ替えておきましょう。

　最後に、一人ひとりの机上に学級通信第1号と自己紹介プリント（これが上になるように）を配っておきます。

　始業式の日は、着任式もあり緊張して忘れるかも知れないので、できれば宿題にする用紙も人数分より少し多めに教卓においておくとよいでしょう。

　学級びらきで見せてやりたい自分の特技につかう小道具なども、できれば用意しておきましょう。私は、いつもミッキーマウスの速描きと手品をしますので、手品のタネを戸棚にかくしておきます。

　これで準備完了。あとは、着任式と学級びらきでのあいさつを、子どもたちの様子を思い浮かべながら考えるだけです。

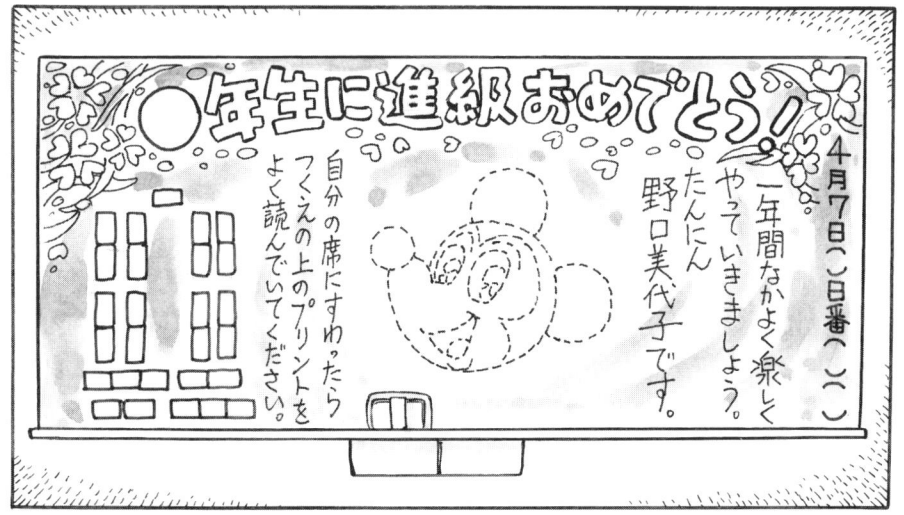

◆こんなものも用意しておくと便利！

■ 教室に配当されている黒板消しや鉛筆削り、セロテープカッターなどが傷んでいないか調べておきましょう。チョークも白・赤・黄・青ぐらいは黒板に用意しておきましょう。プラスチックの小箱に数本ずつ入れて、教室の教師用引き出しに保管しておくといいです。

■ 事務用品＝必要な事務用品は、たいてい事務室の先生か、学年の先生が用意していてくれますので、赤ペンやボールペン、マジックペン、のり、セロテープ、押しピンなどもらえるものは何でももらっておきましょう。

■ くつ＝学校の施設によってもちがいますが、まず、通勤用のくつ、校舎内用の上靴、体育の授業用に体育館シューズと運動場用のズック靴の最低４種類は必要ですが、子どもたちといっしょに校庭の花壇を観察したり、休み時間に遊んだりするときのために、できれば子ども用の靴箱に、いらなくなったぼろ靴を入れておくと、いちいち教師用の靴箱まで履き替えに行かなくても、子どもたちといっしょに行動できるので便利です。

■ 給食当番用のエプロン＝先生もきちんとエプロンをつけていたほうがいいと思います。とくに、おかずが汁ものや熱いもののときは、ひっくり返すとやけどしますので、当番の子どもたちのマナーと安全を守るためにも先生もついて行く方がいいです。

◆コの字型の座席

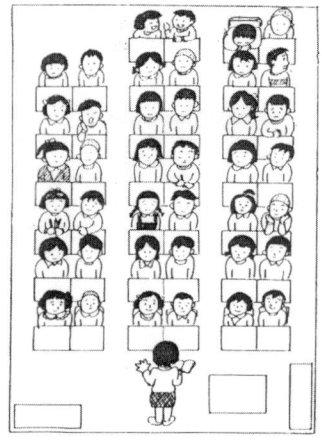

▲全員前を向いた席だと、いちばん後ろの子は6列目、7列目になって、教師からとても遠くなる。

▲給食やグループで話し合うときは、班ごとでこんなふうに机を合わせるとよい。

著者画

▲この年は45人学級だったが、コの字型にしたことで一人ひとりの顔もよく見え、声も通った。

▲いちばん少なかった27人学級のときの配置。

　コの字型の座席を始めたのは、私がまだ新任の頃です。当時5年生を担任していたのですが、5月頃から甲状腺の病気にかかり、7月には声が出なくなりました。私を心配して、時どき教室をのぞきに来ておられたU校長先生が「小さい声でも後ろまで聞こえるように、国会みたいに円形にしてみたらどうか」と言われたのです。教師が中央に立つと、一人ひとりの顔がよく見え、同じ教室なのに座席の並べ方でこんなに違うのかとビックリしたものです。それ以来、私はずっとコの字型の座席にしています。2学期には声も出るようになり、甲状腺の病気は翌年の2月に完治しました。

Ⅱ 子どもたちとの第１日目

　さあ、子どもたちとのすてきな出会いをつくりましょう。出会いを大切にするということは、「私は、子どもたちのことを大切にしますよ」というメッセージを贈ることになるのです。学年が変わるたびに、子どもたちは「楽しい先生かな？　楽しい１年になるかな？」と、期待と不安で胸をドキドキさせています。その子どもたちの期待をしっかり受けとめ、帰りはにこにこ顔でスキップでもしながら、元気よく玄関の戸を開けて、夕食のだんらんではあなたのことが話題になるような、そんな出会いをつくってやってほしいのです。

Ⅱ 子どもたちとの第１日目

《1》着任式＆始業式

※始業式の日程は、地域だけでなく学校によってもかなりちがうのですが、とりあえず私の現任校の場合を例にして書きます。

◆最初の言葉が印象に残る

　着任式は、全校児童とのはじめての出会いです。子どもたちには、まだだれが担任になるかはわかっていません。でも、きっと若い先生がいいなあ！って思ってくれていると思います。そんな期待を裏切らないように、明るく、さわやかに、そして元気よくあいさつしましょう。

　私は、自分の新任のときのあいさつを今でも覚えています。大学で、「教師の権威などというものはないのだ」と教えられ、「教育への情熱と、子どもたちへの愛情さえあれば、誠意はきっと通じる」と信じて、「私は、先生のタマゴです。だから、みんなといっしょに成長していきたいと思っています」と、ポーズじゃなくて、ほんとうにそう思って言いました。

　でも、教師はいったん採用されれば、タマゴでも、ヒヨコでもなく、もう立派な一人前の教師なのです。１年目は５年生を担任したのですが、私のこのあいさつから、子どもにときどき「先生のタマゴ」と言われたことがあります。子どもたちといっしょに成長したいという甘い考えは、たちまち打ち砕かれ、毎晩夜中の３時まで教材研究をしても、思うようにすすまず、一人の男子の指導につまずいて、私の未熟さのために、彼にも周りの子どもたちにもつらい思いをさせた、苦しい１年になってしまいました。

　「人は、苦しいときに一番成長する」とは、後になって言えることですが、確かに１年目の苦しい経験からとても多くのことを学びました。出会いの大事さ、学級づくりの重要性を肝に銘じたのも、この年でした。でも、できれば「転ばぬ先の杖」があったらいいなあと思っています。

◉大事なのは笑顔、趣味や特技も披露して！

　大事なのはまず笑顔、そして大きな声ではきはきと、趣味や特技も言うと親しみを感じてくれます。簡単にできることなら、その場でやってみせるのもいいかもしれません。子どもを楽しませようとするなんて、子どもの気持ちを大事にしてくれる先生だなと、好感をもってくれます。

　私は9年前、いまの学校に転勤したときに、着任式で手品をしました。その年、私は3年の担任になったのですが、荒れの中心になっていた6年生の女子が、修学旅行のバスレクでクイズをするからと質問に来て、

　「野口先生の大事にしているものなんて、聞かんでもわかってるやん。子どもやろ！　そんなん、クイズになれへん」と言ってくれたので、「えーっ、あの手品でそんなこと思ってくれたの！」と感激してしまいました。

　転勤したときに、朝礼台で10秒間逆立ちをされた年輩の男の先生や、さっそく校歌を歌ってびっくりさせた若い先生もいます。けん玉やコマ回し、ギターやハーモニカ、あるいは腕ずもうが強いとか、ジャンケンが強いとか、クイズを出すのが好きとか、子どもたちがすぐ挑戦しにくるようなものも、つながりがもてていいと思います。

Ⅱ 子どもたちとの第１日目

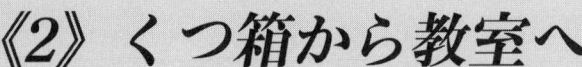

《２》くつ箱から教室へ

◆くつの入れ方で３つの提案

　始業式のあと「学年びらきの会」など、学年ごとの集まりがあるとき以外は、すぐにそれぞれの学年のくつ箱前に移動します。くつ箱の前で上靴に履き替えて、下靴をくつ箱に入れなければなりません。くつ箱は、たいていクラスごとに分けられているはずです。

　「〇組のくつ箱は、ここからここまでです。くつの入れ方について、今から３つの方法を提案しますので、どれがいいか考えてください。１つ目：今から背の順に並びかえて下の段から入れる。２つ目：今並んでいる名前順に奥の方からつめて入れる。３つ目：好きなところに入れる。でも、ほかにいい方法がありますか？」「なし。質問はありますか？」「なし。では、聞きます。時間がないので、多数決でいいですか？」と、間をあけずにてきぱきと了解をとってから、１つ目から順に聞いていきます。何ごとも話し合って決めていくという姿勢を示すのです。

　子どもたちの多くは、早く教室に入りたいので、たぶん一番面倒なことのない「好きなところ」に手を挙げると思います。そこで、ひと言「よく似たくつがあるので、自分の入れたところをしっかり覚えておいてください。あとで名札を貼ります。くつを入れたら、はじめのとおりに並んで待っていてください。では、どうぞ！」と言って、くつを入れさせます。

　くつ箱ぐらい、どこでもいいやと思う子も多いので、人数分さえあれば、そうもめることなく決まっていくと思います。でも、事前の引き継ぎで、最初から話し合いに集中させることがむずかしいようだと判断したら、前日に名簿順に名札を貼っておいて「２週間だけ、これでいってください」でもい

いと思います。2週間後にゆっくり話し合えばいいのですから。

◆教室の前でみんなと握手！

　くつを入れたら、また並べて教室の前まで連れて行きます。勝手にどやどやと教室に入ってしまわないように、後ろのドアのカギはかけておきます。前のドアから入るときに、一人ひとりと握手をしたいからです。

　教室の入り口で、「教室に入ったら、まず黒板に書いてあることをよく読んで、そのとおりにしてください」と言ってから、前から順に「よろしくね！」とか、「がんばろうね！」と声をかけながら握手をします。

　びっくりして恥ずかしそうに手を出す子、「よろしくお願いします」なんて言えるおしゃまな子、ぎゅっと握ってきて「先生、気に入ったで！」と目で合図をしてくれる元気のいい男の子には「おー、すごい力やなあ！　よろしくね」と握り返してやります。気になる子の反応をよく見ておきましょう。

　中には、「女の先生となんか握手したくない」と拒否する男子もいるかも知れませんが、そんなときは「じゃあ、指ずもう。先生、強いよ」と挑発するとのってきます。相手が強いときや、勝ち負けにこだわりそうなときは、無理に勝とうとしないで「今日はここまで」と、適当なところで引き分けにします。休み時間や帰るときに挑戦してきたら、こっちのものです。

II　子どもたちとの第１日目

《3》学級びらき
〔その１〕あいさつ〜出席をとる

◆はじめのあいさつ

　教室に入った子どもたちは、まず黒板のメッセージに驚き、次に自分の机上にすでにプリント（先生の自己紹介と学級通信第１号）があることに感動してくれるはずです。実物と見比べながら、一つひとつ確かめるように読んでいる子もいます。ただ「座っていなさい」という指示だけだと立ち歩いてしまう子も、自分の机の上にプリントがあればそれに目をとめます。前日に配っておく意味が、そこにもあります。

　最後の子が座って、落ちついたころを見はからって、「みなさん、進級おめでとう！　担任の野口美代子です。これから１年間、なかよく楽しくやっていきましょう」と、あいさつを始めます。

◆前方に集中するゲーム

　でも、なかなか前方に集中してくれないときは、手を２回たたいて「今から集中力ゲームをします。２回の時は前を向きます。（３回たたいて）３回のときは天井を見ます。（１回たたいて）１回のときは下を見ます。（４回たたいて）４回のときは隣を見ます。では！」と、４回、１回、３回、２回で全員が前を向いたときに即「みなさん、進級おめでとう！」と始めます。時どきやって、２回手をたたくと前を向くというルールにするといいです。

◆座席の説明

　座席に不満をもっている子がいそうだと感じたら、先に理由や期間を説明して了解を求めます。難聴や弱視など配慮の必要な子は前の方になっている

はずですが、ほかに困ることや不都合なことがある人は言ってもらって、よほどのことなら相手の了解をもらって入れ替えてあげます。それ以外は「2週間なので、がんばってくれる？」と、がまんしてもらいます。

◆出席の返事で反応を

次に、出席をとります。大きな声で名前をはっきりと呼び、「○○でいいのね」と、読み方に間違いはないかを確認しているようにみせながら、その子の返事や表情による反応と、周りの子の反応を見ます。周りの子どもたちの反応で微妙な人間関係がわかることがありますので。声の小さい子はそれなりの理由があるかも知れないので、はじめから「もっと大きな声で！」なんて注意しないようにしましょう。まず、しっかり観察から！

◆トイレタイム

子どもたちは、着任式からずっと緊張しっぱなしですから、きっとトイレをがまんしているはずです。どこかキリのいいところで、トイレタイムをとってやりましょう。トイレが混み合わないように、できればチャイムの鳴る1分前ぐらいに「静か〜に行きましょう」と言ってやると喜びます。

Ⅱ 子どもたちとの第1日目

《4》学級びらき
〔その2〕自己紹介

◆自己紹介で子どもたちをひきつけよう

　さあ、いよいよ自己紹介です。《3》の自己紹介プリントにそって、頭から家族まで読みあげていきます。きっと特技のところで、子どもたちのおねだりがあるでしょうから、応えられるように準備しておくことが大切です。

　私の場合は、「手」のところで必ず「マンガ描いて！ 手品して！」と大合唱がおこるので、みんなで「10・9・8……」とカウントダウンしてもらいながら、黒板の中央に大きなミッキーマウスを10秒で描いてやります。「すご～い！」と感動してくれて、拍手大喝采です。

　ついでに、なぜそれが特技になったかなども話してやると、ぐっと親しみがわきます。私は、小さい頃から絵を描くのが好きだったので、もし大学をすべったら、マンガ家かコックさんになろう！と決心して、高校2年の夏休みに練習していたことなどを話してやります。中には「先生、大学すべっとったらマンガ家になれとったのにねえ」と惜しんでくれる子もいます。

　手品は、これもとっておきの「紙コップの底をスポンジのボールが通りぬける」のをします。手品をすると、「それ、知ってる！」と言う子が必ずいますが、本当のタネは知りません。もし、知っていそうだったら「秘密にしとってね」と口止めします。「わかった！ 底に穴があいてるんや」とか「切り込みがあるんや」とか言う子がいたら、「もう、うるさいなあ」なんて思いません。むしろ喜んで、「そんなふうに、何か仕掛けがあるはずや！と、自分で考えようとする子、大好き！ 先生は"超能力"なんていう言葉にごまかされないで、どんなことにでも『何でやろう？』と考える人になって欲しいと思って、手品をしてるんだよ」とほめてあげます。そして、そっ

とタネを隠してから、紙コップをさわらせてやります。

◆子どもたちが喜ぶ手品のすすめ

　「何でかな？」と考える姿勢は、科学的なものの見方を育てるだけでなく、友だちの荒れた行動に対しても「あいつは頭がおかしい」なんて簡単に切り捨てないで、「何であの子はあんな行動をするのだろう？　いったい何があったんだろう？　必ず何かわけがあるはずだ」と、先生と同じ視線で友だちの行動の原因や背景を考え、より深く理解しようとする姿勢を育てることにつながると思うのです。それが、学級づくりにはとても大切だと思っています。

　実は、私は子どもの頃から何でもすぐに信用してしまい、暗示にもかかりやすく、科学的に物事を考えるということがとても苦手だったので、これではいけないと思っているときに手品に出会って、ハマッたというわけです。

　でも、本当に、これといった特技のない方には手品をおすすめします。仕かけさえわかれば、だれにでもできて、子どもたちがとても喜ぶし、ついでに科学的なものの見方や、友だちの見方を育てることもできるからです。

Ⅱ　子どもたちとの第1日目

《5》学級びらき
〔その3〕基本的人権を守る姿勢を示す

◆どんなときに怒るか

　基本的人権を侵すことには、毅然とした姿勢で対処するということを、自分なりの言葉で、子どもたちにわかりやすく表明しておくことが大切です。
　私は、学級通信第1号を読みながら「先生は、明るくて楽しくて、やさしいですよ。でも、たまに怒るときがあります。それは、人の心や体に傷をつけたときです。そのときは、めちゃめちゃ怖いです」と言っておきます。
　そして、「体を傷つけたときはすぐにわかるのですが、心は、知らないうちに傷つけていることもあってむずかしいので、そのつど教えてあげます。はっきりしているのは、その人が言われたらとても悲しくてつらいと思うのをわかっていて、わざとしつこく言うのは"いじめ"だということです。人を悲しませていい気分になるとしたら、その人も心の病気なので、怒るだけじゃなくて、何とか助けてあげようと思います。言われたら悲しいと思うことがあれば、みんなにちゃんと伝えておくことも大事だね」と付け加えます。
　子どもの人権を守るためには、常に自分自身の人権感覚もとぎすましていなければなりません。自分の人権を守れない教師に、子どもの人権は守れないと思うからです。
　私は一昨年、17年ぶりに6年生を担任したとき、忙しさのあまり、つい「もうッ、6年生にもなって！」と、ちょっとしたことで怒っている自分に気づいてハッとしました。それで、筆箱のふたに「命と人権に関すること以外であまりカッカしない」と書いた紙を貼って、常に自分を戒めるようにしました。ときどき子どもからも、「先生、命と人権に関係ないで」と言われて、「あ、そうやった」と我に返らせてもらいました。教師も人間だもん。

◆暴力がおこったときの対処法

　特に、暴力的な子がいる場合、力関係も固定していて、子どもたちも怖がっているはずなので、暴力があったときの対処の仕方まで言っておきます。
　「どの子のうしろにもわが子をだれよりも大事に思っているおうちの人がいて、しっかり勉強して賢くなってほしい、みんなとなかよく遊んで友だちをいっぱいつくってほしいと願っています。ところが、その大事なわが子が、よその子に傷つけられて帰ってきたらとっても悲しくて、傷つけた子を絶対許さないで、きっと学校に怒りに来られます。もしかしたら、直接傷つけた子のおうちへ行かれるかも知れません。先生はみんなの安全を体を張って守ります。でも、もしも守りきれずに、傷つけてしまったら、もちろん、きちっと事実を確かめて事情も聞きますが、まず傷つけた子のおうちの人に、暴力を止められなかったことをお詫びしてから、その子とおうちの人と先生といっしょに、相手のおうちにあやまりに行きます。相手の子とおうちの人が許してくれるまで、心をこめてあやまります」と宣言して、最初の暴力があったときに必ず実行します。
　これはかなり効果があります。まず、よほどのことがない限り、２度目の暴力はおこらないでしょう。

Ⅱ　子どもたちとの第１日目

《6》学級びらき
〔その４〕学級目標を提案する

◆「こんなクラスにしたい」という願いをこめて

　学級目標は、子どもたちに考えを出させ合ってまとめるという方法もありますが、私は「こんなクラスにしたい」という願いをこめて、自分の学級経営方針として提案します。

　目標は「一人もとりのこさずに、みんなで手をつないで、前にすすもう！」です。「一人もとりのこさないぞ！」という自分自身の決意をこめて、子どもたちへは「困っている人をほうっておかないで、おたがいを大切にしていこうね」という呼びかけもこめています。

　この目標を、みんなで読んでもらったあと、「もしも、みんなで手をつないで進んでいるときに、お友だちがこけたらどうしますか？」と聞きます。

　新任のときの学校で担任した１年生では、「ひきずって行く！」と答えた子がいました。「ひきずったら、足が血だらけになるよ」と言うと、「そしたら、ほうって行く！」と言うので笑ってしまいました。「ほうって行ったらみんなで前には進めないよ」と言うと、困ってしまったのです。

　２つ目の学校に転勤したときの５年生では「みんなでこけます」と言われてびっくりしました。「みんなでこけたら、だあれも前には進めないよ」と言うと、「だき起こしてあげます」と言いました。この答えがいちばん多いのですが、「今、起きようと思ってたんや、ほうっといてくれや、と言われたらどうする？」と聞くと困ってしまいます。

◆「足もとの石」が合い言葉になるように

　友だちがこけたときは、すぐに起こさないで、どんな石につまずいたのか、

　まず足もとの石を見て、小さな石だったら「がんばれ」とはげまして自分で立たせる、中くらいの石だったら手を引いてとびこえさせてあげる、大きな石だったらまわりの人に呼びかけていっしょに引っぱってあげる、深い落とし穴に落ちこんでいたら、みんなで「よいしょ」と引きあげてあげる。

　その子のつまずきの程度によって、援助のしかたを考えてあげるのが本当の友だちであることを教えます。「足もとの石」が合い言葉になるように、おりにふれて意識づけていきます。

　「このようにして、みんなが仲よくたすけあっていけるクラスにしたいですが、どうですか」と言うと、たいてい「それでいい！」と言ってくれます。今まで、「いや！」と言われたことがないのですが、とてもこんな話が通じそうにないとか、子どもが疲れてきたと思ったときは、さらりと「先生はこんなクラスにしたいと思っています。先生一人ではできないので、みんなも力をかしてくださいね」ぐらいにして、話せる場面が出てきたときに、そのつど話すようにしていけばいいでしょう。

　このあと、「ぼく、わたしはこんな子です」（34〜35ページ）を描くための用紙を配り、「おうちの人へ」のコーナーは必ずおうちの人に見せることをお願いして、学級びらきを終わります。

１日目の仕事いろいろ

✿教科書をとりに行く

　全教科の教科書が配布されるため１人分の冊数がとても多いので、自分の分は自分で持たせる方がまちがいがなくていいと思います。

　まず廊下に静かに並ばせて先生が先頭になって連れて行きます。もらった人から、「教室に帰ったら、印刷のミスがないか調べておくように」と指示をして、また静かに帰らせます。足りないのや、乱丁があれば、帰るまでに係の先生に言って、余分があればすぐ交換してもらいます。学年、組、名前を書くことを宿題にして、翌日に学校にもってこさせます。

✿ランドセル・荷物用ロッカーの位置を決める

　班や係でつかいたい分は確保しておいて、個人でつかえる範囲を示し、名前の順でよいか、好きなところにするか話し合います。たぶん、子どもたちは今までの経験から、一番下の段はゴミが入りやすくてほこりっぽいのでいやがると思います。それは、掃除の仕方に問題があるので、ほこりが入らないようにすることを言って安心させてやるといいです。

✿名札シールに名前を書かせる

　１人に３枚ずつの名札シールを配り、名前を書かせます。そして、１枚はランドセルロッカーに、１枚は荷物用ロッカーに、最後の１枚はくつ箱に貼らせます。

✿帰りのあいさつ

　まだ日番が決まっていないので、しばらくは先生があいさつの音頭をとります。

　「背中をまっすぐのばしてください。先生が『明日も元気よく学校へ来ましょう』と言ったら、みんなで『はい！　さようなら』と言って礼をして、もう一度背中をまっすぐのばして、そのままピタッと止まります。次に、先生が『はい』と言ったら動きます。帰りも握手しようね！」と言って礼をしても、必ず動いてしまう子がいるので、「ピタッ」と言って何度かやりなおします。これがまた楽しいです。

Ⅲ 子どもたちとの2日目

　さあ、2日目は子どもたちどうしが出会う「学級びらきの会」です。メインは子どもたちの自己紹介と、子どもたちに「班」を意識させるゲーム（集団遊び）です。思いっきり楽しませて、まず班のなかまと出会わせ、うんとなかよしにしてしまうのです。そして、最初の班で班長を決めて、いよいよ班活動のスタートです。先生が楽しいだけでなく、班も楽しいし、クラスもとっても楽しくなりそうだ！と思ってくれるような、子どもたちどうしのすてきな出会いの場をつくりましょう。

Ⅲ 子どもたちとの2日目

《1》学級びらきの会
〔その1〕子どもたちの自己紹介

◆プログラムの提案

教室の飾り付けは前日やっておきます。黒板に貼っておくのは、色画用紙を切り抜いて作った「学級びらきの会」の文字。時間があれば、5色ぐらいの紙テープで黒板の上をかざっておくと、もっと雰囲気がでます。

「プログラム」も色画用紙に書いて教卓の上に置いておきます。子ど

《プログラム》
〈1〉はじめのことば
〈2〉歌「……………」
〈3〉一人ひとりの自己紹介
〈4〉みんなでゲーム（お楽しみ）
〈5〉先生の出しもの（お楽しみ）
〈6〉おわりのことば

もたちといっしょに歌いたい歌のCD（テープ）とプレーヤーも用意しておきます。

子どもたちは、黒板の飾りつけを見て、もうワクワクしながら待っているはずです。出欠確認をしたあと、自己紹介のプリント「ぼく・わたしは、こんな子です」を用意させ、忘れた子には、「順番をあとにしてあげるから、大いそぎで描いてね」と、白紙をわたして描かせます。

次に、プログラムを見せて、質問などを聞いた後、「このプログラムでいい人は、手をあげてください」と言って、承認してもらいます。

つづいて、司会の立候補をつのり、6人までなら全員OKで、自分の紹介したいプログラムの番号をとりあって、言うことばを考えてもらいます。座席はコの字型にしたほうが雰囲気がでます。

◆ メインは子どもたちの自己紹介

司会「今から、〇年〇組の学級びらきの会をはじめます！」
先生「みんなで『はい』と返事をして拍手をしましょう」
みんな「はい！」（拍手）
司会「つぎは『歌』です。元気よく歌いましょう」
　　（カセットのスイッチを入れる。みんなで曲に合わせて歌います。）
司会「つぎは、いよいよ一人ひとりの自己紹介です。Ⅰくんからどうぞ！」
　　（一人ずつ順番に前に出てきて、「ぼく・わたしは、こんな子です」をみんなに見せながら、自己紹介をしてもらいます。）

　なんと、昨年担任した3年生では、トップバッターのⅠくんが忘れてきてまだ描けていません。司会の子に「あとにまわしてあげてね。Ⅰくん、描けたら知らせてね」と言って、つぎの子からはじめてもらいました。

　自分の描いたものを見ながらだと、わりとスムーズに趣味や特技だけでなく、「もうすぐ弟か妹ができます」と家族の紹介をしてくれたりもしますので、子どもたちも真剣に聞き入って、「へぇー！」とか、「ぼくんとこもだよ」などと、けっこう反応を示します。

　最後に「そのプリントは、先生の宝物にします。おうちでゆっくり読んでから、教室のうしろに貼ってみんなにも見てもらいます」と言って集めます。

子どもたちが描いた
自己紹介プリント

😊Sさん＝2年生の終わり頃に転校してきて、いつも一人で静かに本を読んでいたそうですが、この自己紹介で、意思の強さを感じました。しゃみせんは、おじいちゃんに習っているそうです。

😊Iくん＝冬でも半袖のクラス一番の元気者ですが、当日の朝「描いてくるのを忘れた」と言うので「わあ大変。じゃあ今から描こう」と、用紙をあげて目の前で描いてもらいました。「かっわいい！」とほめながら。

😊Tくん＝勉強もスポーツもバッチリ！ まじめでおだやかで、友達からも信頼されている野球少年です。文字がとても美しくて、びっくりしました。

Mくん

😤Mくん＝工作大好き少年です。正義感が強く、気づいたことを友達に注意しますが、素直に聞いてもらえないときは、本当に白目になって、怒っていることがわかります。

😤Sくん＝家族のコーナーに同居していない「じーじ・ばーば」まで書いていました。ドッジボールがとっても強い元気いっぱいの男の子です。

😊Kさん＝意思のはっきりしたお茶目な女の子です。始業式で着ていたお気に入りの洋服に、カラフルに色を塗っていました。習い事が多いけど、とてもがんばりやさんです。

Sくん

Kさん

Ⅲ 子どもたちとの2日目

《2》学級びらきの会
〔その2〕楽しみながら仲間を意識させる「集団あそび」

◆ウルトラマンゲームで「班」の誕生

　司会「つぎは、『みんなでゲーム』です。先生、おねがいします」
　　（「はーい」と、できればおもちゃ屋さんで買ったウルトラマンのお面をつけて登場すると、子どもたちは大喜びです。）
　先生「ウルトラマンには3つの武器があります。1つ目の武器は『空を飛ぶ』という武器です。ウルトラマンは、武器を出す前に、おでこの両端に指を2本あてて『ビーム』と言ってかまえて、とぶときに『シュワッチ！』と言います。では、みんなでやってみましょう。立ってください。かまえ！『ビーム・シュワッチ！』」（と、両手をまっすぐ上にのばしてとびあがります。）
　2つ目の武器は『エックス光線』で、「シュワッチ」のときにとびながら胸の前で両腕でエックスをつくります。3つ目は『ストリューム光線』で、「シュワッチ」のときにとびながら右腕と左腕で直角をつくります。3つとも練習したら、いよいよ本番です。
　「先生と同じ武器を出したら負けで、すわっていきます。勝ち残った人が何人いるかが、その班の得点になります」（と、黒板に得点表を書きます。）
　「さて、何班がいちばんたくさん勝ち残るでしょうか」と言うと、はじめて自分の前・後ろにいる人が班のなかまであることを意識します。子どもたちにとっては「ただの座席」という意識しかなかった、先生が決めた名簿順の席のひとかたまりが、最初の班になるのです。できるだけ多くの子が残れるように、武器の出し方は教えた順のワンパターンにして、すなおで単純な先生という印象をあたえておきます。5回ぐらいやって残った人数を「得点表に書き」、もう1回戦して合計点で優勝を決めます。

◆なかま意識がめばえる集団あそび

　ウルトラマンゲームは、まったくの個人競争的なゲームです。もし、個人で競ったら、自分が負けてしまったら退屈で、早く終わってほしいと思うだけです。そうなると、わざとでなくてもテンポがずれてしまう子に、「あと出ししてる！」などと攻撃したり、あら探しをはじめます。

　でも、班で競うと、自分は負けてもまだ勝ち残っている班員に、一人でも多く残ってほしいと応援しながら、自然となかま意識がめばえていきます。これが、「集団あそび」です。

　不思議なもので、負けてすわっていると、先生の出し方のパターンが見えてきたり、同じ武器を2回つづけて出さないことに気がついたりして、勝ち残っている班員に「つぎは、エックスを出して」などとアドバイスをする子が出てきます。そういう班は、2回戦では全員が勝ち残って、合計すると優勝ということもあるのです。どんなゲームでも、ちょっと指導を工夫すれば「集団あそび」になります。

Ⅲ　子どもたちとの2日目

《3》学級びらきの会
〔その3〕「班」を意識させ、リーダーの動きをつくるゲーム

◆「班」を意識させるゲーム「なんだ、何だ班会議」

　先生「もう一つ『なんだ、何だ班会議』というゲームをします。ここに、赤・黄・白の3本のチョークがあります。この中から1本だけを右手に持ちますので、先生が『なあんだ何だ』と言ったら、みんなで『班会議』と言って、班で10秒間相談してひとつの色に決めてください。バラバラの答えだったら、その班は失格です。声を合わせて言った色が当たっていれば、1点入ります。では、いきます。『なあんだ何だ』！」と言って、チョークをうしろに隠します。みんなは「班会議！」と答えて、どの班もいっせいに頭をよせあって相談し始めます。

　先生のカウントダウンが「5」ぐらいになると、もめていた班はあわてて多数決をとり、どれかの色に決めます。当たればうれしくて、班員で顔を見合わせて「やったー！」と喜びますが、はずれるとがっかりしますので、できるだけ喜べる班が多くなるように、1班から順に当てながら、いちばん多く出た色のチョークを出してやります。そのためには、見なくても何色かがわかるように、一番長いのが赤、次が黄、短いのが白というふうに長さを変えておいて、体の後ろで持ちかえるのです。

　得点表には、「赤」で当たれば赤のチョークで○をつけます。同じ色は続けて出しませんので、「赤」「黄」とくれば、次は「白」。3回目には、全班が当たって教室中に大歓声があがるようにします。ところが、たまに考えすぎてはずれたり、あまのじゃくな子がいたりして、3回ともはずれる班が出ることがあります。4回もはずれると全然楽しくないし、当たらなかった責任を追及し出したりしたら大変です。そんなときは、4回目はその班が言っ

た色にしてあげます。「赤・黄・白の順できたから、次は絶対に赤だ」と、ほかの班全部が「赤」と言っても、3回ともはずれた班の言う色にしてあげて、「あれー！」と先生もいっしょにびっくりするのです。

6回目は、いちばん得点の少ない班が言った色にしてあげ、○の合計点で優勝を決め、ウルトラマンゲームとの合計で総合優勝班に拍手を送ります。

◆ゲームの中でリーダーを評価

カウントダウンしながらも、相談の体勢がつくれずにじっとしている班にはすぐに指導に入り、「前の子、後ろ向いて！　一人ずつ何色と思うか言って」と、先生がリーダーの手本を見せます。いち早く声をかけて班員を集中させた班があれば、「あー、すごい。Kさんのかけ声で1班がぱっと集中したよ」とか、「3班は意見が分かれたけど多数決で決めてたね」「5班はMくん（ボス）の意見に全員賛成でいいの？」「じゃあ、当たってるといいね」とか、「せーのーで！」とかけ声をかけていたら「2班、すごく声がそろってる、さすが！」などと言いながら、班の中のだれがリーダー的な動きをしているかを見て、すかさず評価していきます。

この後、「先生の出しもの」をして「学級びらきの会」は終わります。

Ⅲ 子どもたちとの2日目

《4》学級指導
―― 班長を決めて、育てる

◆班長を決める

　学級びらきの会が終わったら、次の時間に班長を決めます。
　「さっきの『なんだ、何だ班会議』のときね、何色にするかで班でもめたでしょう。ばらばらだったら失格になるから、ひとつの色に決めるために相談したよね。そのとき、だれが中心になってくれたかな？　みんなで何かするとき、一人ひとりの意見を聞いていったり、まとめたりする人がいないとなかなか決まらないよね。班の中でそれをまとめる人を『班長』って言います。今から各班で班長さんを一人決めてください」と言って、班で話し合ってもらいます。
　でも、低・中学年では、まだみんながやりたいので、さっきだれが中心になってくれたかなんて関係なく、ジャンケンで決めたり、多数決で決めたり、やりたいのにゆずりあって決める班などいろいろです。
　高学年になると、「班長のくせに」とか、「班長、きちんとさせなさい」などと、責任ばかり押しつけられて、叱られるからいやだという経験をしてきている場合もあるので、「先生は、絶対に班長のせいにしたりしません。困ったことがあったら相談にのります。班長がうまくできないのは先生のせいです。だから安心して、班長になってください」
　「もめる班は悪い班ではありません。みんなが自分の意見を言えている証拠です。それぞれ育ち方も性格も好みもちがうし、6人も7人もいるんだから、すぐに決まる方がめずらしいのです。意見が分かれたときに、まとめるためにいちばん悩むのが班長です。だから、班長がいちばん成長するのです。自分の力を自分のためだけでなく、みんなのためにもつかえる人になってほ

しいと思います。2週間の班ですから勇気を出してやってみましょう」と、呼びかけます。

◆班長を育てる

　どんな形であれ、出てきてくれた班長さんをたよりにして、大切に育てていきます。全班出そろったら、立ってもらって、「2週間の班ですが、よろしくおねがいします」と、みんなで拍手をします。

　そして、さっそく「班長さん、集合」と言って、教卓のまわりに集めて、ヒソヒソと小声で指示を出します。最初はプリントを配る、提出物を集める、先生からの連絡を伝えるなど、ひとつずつかんたんなことからはじめます。特に連絡を伝えるときは、班員を集中させるために立つ位置や、声の大きさ、話し方まで具体的にていねいに教えます。

　「こっちに集中してください。今から、大事な連絡をします。聞こえますか」と確認してから伝えることなど。連絡内容も、かんたんなことをひとつだけにします。聞いた方は「なんや、そんなことなら全体で言うてもいいやん」と思うようなことでも。班長には、いち早く先生からの情報をキャッチできるという特権があるのです。

> ワンポイント
> アドバイス

こんなことにも心配りを！

❖2日目の宿題

　私は、いつも「野口先生へ」という作文を宿題にします。先生についての感想でも、こんなことをしてほしいというお願いでも、何でもいいのです。最初に書くこの作文には、私への子どもたちの期待がいっぱいこめられていて、後で読んでも心が癒されます。いつも、鞄に入れていて、時どき見るようにしています。ときに疲れて、ついガミガミ言っているときなど、この作文で「あー、あのときはこんなことを書いてくれてたのに……」と、反省しつつ、初心に返らせてもらいます。私の宝物です。

❖教科書、副読本などの保管

　毎日はつかわないが、必要なときにないと困る教科書や副読本（書写・保健・家庭科・地図帳・心のノートなど）は、先生があずかって教室に保管しておくと便利です。また、天候や教具、教室のつごうで時間割にはないけれど、今がチャンスだから授業したいと思うことがよくある理科や生活科（1・2年生）の教科書は、班ごとに保管できるようにするか、各自の机の中に入れておくかしてもよいと思います。いわゆる「置き勉」（勉強道具を持って帰らず、全部学校に置いておくこと）とはちがいます。

　音楽や図工も教科書がないと困るので、音楽セット・図工セットの袋の中に入れて、各自のロッカーに保管させるとよいでしょう。

❖机の引き出しの使い方

　学年があがるにつれて机の中がルーズになりがち、整理のしかたをもう一度教えておくといいです。たとえば、左側には筆箱・色鉛筆・クレパス・ハサミ・のり・定規などを入れ、右側に教科書・ノート・ドリル・下じきというふうに。低学年なら、色画用紙に絵で描いて貼っておいてやりましょう。

❖プリント類の整理

　学期のはじめは膨大な配布物がありますが、とくに提出しなければならないプリント（家庭調書など）や申し込みが必要であったり、出欠の有無が求められているようなプリントには、右肩に赤鉛筆で○をつけさせるなどの習慣をつけておくとよいでしょう。高学年になると連絡袋をなくしている子も多く、机の中に詰め込んだままほうっておく場合もあるので、ビニール袋でも紙袋にでも必ず入れて持って帰らせるようにしましょう。

Ⅳ 学級活動いろいろ

　いよいよ学校生活がスタートします。みんなが快適な学校生活をおくるために、必要なしごとがたくさんあります。一度に全部は教えられないので、はじめは先生が手本を見せながら、なぜこんなふうにするのか理由を説明して、ひとつずつ子どもたちにまかせていきます。

　前の学年のやり方を子どもたちに聞きながら、とても気に入っているようなら、しばらくそのとおりにさせて、不都合がでてきたときに問題提起をして、少しずつ自分のやりやすい方法に変えていくといいです。

Ⅳ 学級活動いろいろ

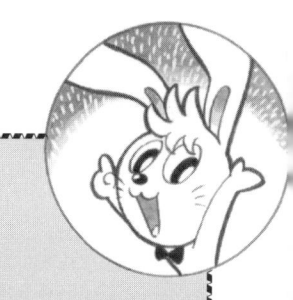

《1》日番と学級代表

◆日番の仕事

　日番は、その日一日の「教室」の責任者です。名簿の順に男子1人、女子1人の2人で担当します。とても重要なしごとなので、黒板の日付の下に、日番の名前を書いて、わかるようにしておきます。

　内容は、朝と休み時間の窓の開け・閉め（換気の管理）、電気をつける・消す（照明の管理）、黒板をきれいにする（学習環境の管理）、そして「朝の会」「終わりの会」の司会と、日付・日番の名前の書きかえ、戸締まり・カギを職員室へ返すなどです。色画用紙に「日番のしごと」を書いて、貼っておきます。また、しごとができたかどうか自分たちで確かめられるような「日番のしごとチェックシート」も作っておくといいでしょう。

　日番のしごとができていたら、そのつど「あー、黒板がとてもきれいで気持ちがいいね」などとほめて、忘れていたら「日番さん、おねがいします」と声をかけ、終わりの会では「ごくろうさまでした」と、労をねぎらいます。黒板消しの上手な使い方を教えると、みんな感動してくれます。

◆学級代表を決める

　学級代表は1学期間または1年間の「学級」の責任者です。児童会の代表委員は4年生以上で1年任期なのですが、私は、1年生の2学期ぐらいから学級代表と学級会書記を2人ずつ決めます。主なしごとは学級会の進行ですが、高学年になると学級の問題を解決するために先生と相談しながら、班長会を招集して、学級会の原案を作ったり、話し合いをすすめたりします。

　学級会係・集会係などと、係に学級会や集会を運営させる方法もあります

が、学級全体にかかわる重要な仕事なので、みんなから選ばれたクラスの代表という権限と責任をあたえ、みんなには協力する義務を負ってもらいます。

　低学年だと、やりたい子がたくさん出てきます。昨年度担任した３年生では、なんと条件つき立候補者がでてきて、「行事がいちばん多い２学期の学級代表をしたい」とか、「ぼくは、１学期にやりたい」とか、「もし、学級代表を落ちたら書記に立候補したい」などと10人が立候補して、４月のはじめに３学期までの学級代表と２学期までの書記が決まってしまいました。

　数年前に担任した４年生では、クラスで一番怖がられていたＫくんが「だれもおれへんのやったら、俺がやったろか」と言って決まってしまいました。でも、Ｋくんが公的な立場に出てくれる方が、実は指導がしやすいのです。

　一昨年の６年生では、体格は対照的だけど目立つことでは共通しているＮくんとＢくんが「２人でやろか」とセットで立候補して１年間がんばってくれました。やる気を評価し、具体的な指導で活躍させて、自信をつけさせてやります。

Ⅳ　学級活動いろいろ

《2》朝の会

◆プログラム

　毎日、朝の10分間読書のあと、日番が前に出て「朝の会」をします。

　でも、はじめのうちは、先生が教室に行くまで、朝読書をさせておきます。朝の会のプログラムを提案し、了承されれば、先生が日番の手本を見せて、全員にすすめ方を教え、自分たちだけでも集中してできるようになれば、まかせていきます。

――《プログラム》――
〈1〉朝のあいさつ
〈2〉はじめのことば
〈3〉歌
〈4〉欠席しらべ
〈5〉係から
〈6〉朝のスピーチ
〈7〉おわりのことば
〈8〉先生から

日番「みんな立ってください。元気よく朝のあいさつをしましょう。おはようございます」

　みんな「おはようございます」

　日番「今から、朝の会をはじめます」

　みんな「はい」（と言ってから、拍手する）

　日番「今月の歌（みんなの歌いたい歌など）を元気よく歌いましょう」

　みんな（テープまたはＣＤの曲に合わせて歌う）

　日番「みんな、すわってください。保健係さん、欠席調べをしてください」

　保健係「お休みの人はいませんか、１班、２班……」（と聞いていく）

　日番「係からのれんらくはありませんか。はい、給食係」

　給食係「今日の献立は焼きそば、パン、牛乳、ミカンです」（やったー！）

　日番「今から朝のスピーチをします」（日番が１人ずつ、スピーチします）

日番「これで朝の会をおわります」
みんな「はい」(と言ってから、拍手する)
日番「先生からどうぞ」(と言って、自分たちの席にもどる)
　職員朝会がのびても、スピーチのころには間に合うので、そっと入って聞いています。

◆朝のスピーチ

　低学年だと、「昨日、Mさんと遊びました」だけで終わる子がいるので、「なわとびをしました」「楽しかったです」などと、「いつ、だれと」「何をしたか」「どう思ったか」の3つの文にさせるのです。

　高学年では、自分、家庭、学校、地域、社会、その他、何でもいいので、1分間スピーチにします。スピーチメモと資料(新聞や雑誌の切り抜きなど)を、スピーチノートに貼っていくと、1年間で立派な冊子ができます。

　聞くときは楽しみなのですが、言う方は日番の日が近づくにつれてプレッシャーのようです。でも、困ったときは相談にのってあげます。人前で話す練習にもなるし、国語の表現力にも役に立つので、かなり実践されています。

Ⅳ　学級活動いろいろ

《3》給食当番

◆やる気で決めよう

　給食がはじまる前に、当番を決めなくてはなりません。どんな方法でするかを学級会で話し合います。毎日、あるいは当番がまわってくるたびに運ぶ物を変えるという方法もありますが、給食室で混乱しているのを見かけます。

　私は、右上のような表を拡大して黒板に貼り、子どもたちが自分の力にあわせて、運びたいものに立候補し、1学期間は同じものを運ぶという提案をします。運びたい人が集中して人数がオーバーしたときは、話し合いかジャンケンで決めて、負けた人はほかのところにうつります。

　エプロン番号で運ぶものが決まっているので、何を運ぶかわからなかったりすることはありません。運ぶものが固定されるより、毎日変わる方がいいという意見は出なくて、表を見ながら、もうどれを運ぼうかを考えているようです。

　立候補する前に、どれがいちばん力がいるか、意見を出してもらいます。結果は、どれも大変だけど、とくに「大おかず」と「食器」が重くて、つぎは「牛乳」だということになりました。いちばん軽いのは「小おかず」です。

本当は、大おかずはこぼすと危ないので、いつも先生が手つだうのですが。

学級の人数によって、当番のグループの数も、牛乳の人数も変わります。手つだいの人は、大おかず、食器を応援します。ご飯がないときは牛乳を応援します。

座席のためにつくった名札をみんなに配って、自分の運びたいもののところに貼ってもらいますが、その前に、「自分の力にあわせて」というところをもう一度強調します。たまに、力があるのに「小おかず」に貼ったりする子がいると批判がでますが、強引に替わらせないで、必ず理由を聞いてあげて、たいした理由がなければ納得して替わらせてやることがだいじです。ジャンケンで負けたときは、いさぎよくほかに替わってもらいます。

運ぶものが決まると、3つのグループにわかれてグループ名とリーダーを決めます。当番以外の人は、手を洗って机をグループにして静かに待ちます。

リーダーは、当番をエプロン番号順に並ばせて給食室へ連れて行きます。手つだいの人や配り終わった人が、おかずやパンをみんなの机に配ります。

返すのは、当番ではなく、かんたんなそうじ場所の班に割り当てます。

Ⅳ　学級活動いろいろ

《4》そうじ当番

◆そうじ当番表をつくる

　そうじ場所の配当が決まると、班の数にあうように当番表をつくります。外側の円の周りにそうじ場所を書き、内側の円は段ボールを丸く切って色画用紙を貼り、中心に割りピンを刺してまわせるようにして班の番号を書きます。

　教室には、箒と床ふき、机運びと机・ロッカーふきの２つの班を割り当て、図工室、階段とろうか、家庭科室、給食室前わたり廊下の６つです。本校は給食後すぐそうじなので、給食を返すのは家庭科室と給食室前わたり廊下の班の人にします。そうじ用具も１階にあるので、そのままそうじ場所に行けます。

　もし、給食当番の人が教室そうじだったら、３階から１階まで返しに行って、３階の教室にもどってくるまでそうじができないのでは困ります。返すときは空っぽなので、12人もいれば十分です。軽いものを運んだ人は、翌日は重いものを運ぶように交代します。われながら名案だと思っています。

　そうじを楽しくさせるためには、使いたくなるようなきれいな用具を必要数そろえてやることです。そして、クラス名や場所を書いたシールを貼って、取り出しやすく片づけやすいように、保管場所も工夫することが大事です。

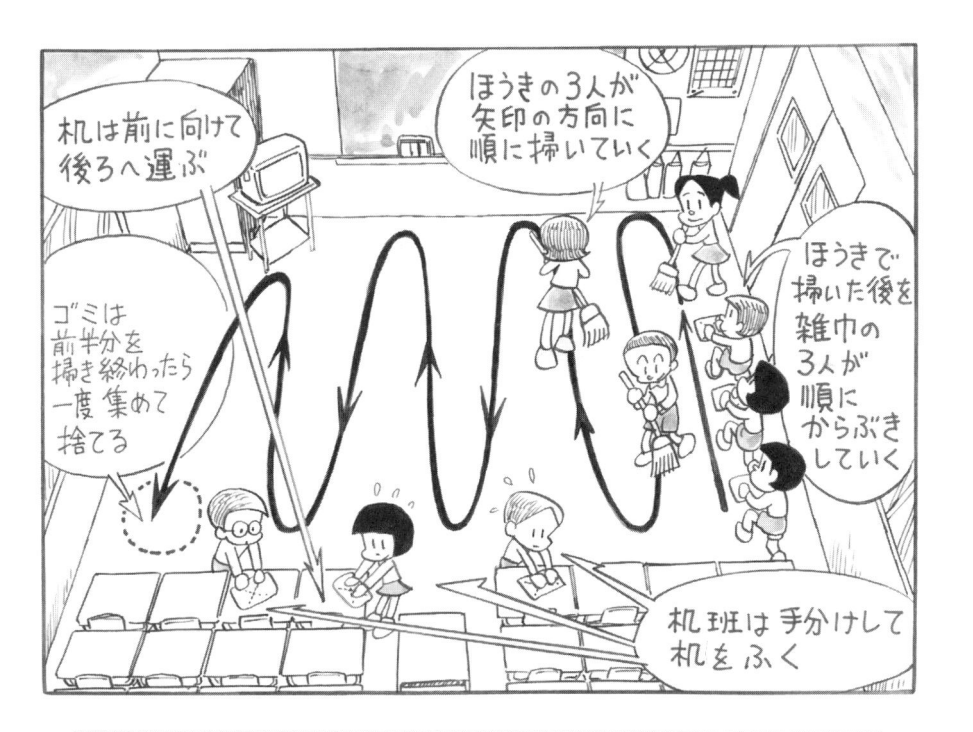

◆教室そうじの上手なしかた

　給食の終わりのあいさつがすんだら、すぐに机を前に向けて、いっせいに後ろへ運びます。机班は、給食台や先生の机を後ろへ運んでから雑巾を洗いにいき、手分けして机をふきます。箒の3人は、ゴミを教室の後ろに向かって掃くのではなく、上の絵のように横に掃いていきます。後ろへ掃くと、ゴミが机の間に入って、運ぶときにゴミもついてきたり、後ろのロッカーの一番下にゴミやほこりが入りやすいのです。

　箒で掃いた後を、雑巾の3人がからぶきしていきます。床ふきが半分ぐらいまで終わったころ、机班はふくのをやめて机を前に運びます。箒は、前半分を掃き終わったら一度ゴミを集めて捨てます。そして、後ろ半分を前のときと同じように横に掃いていきます。床ふきも同じです。後ろ半分の床ふきが終わるまで、机班はロッカーなどをふきます。雑巾を洗ったり、ゴミを片づけたりしてから、教室そうじ全員で机をもとにもどします。とても速く、きれいになるので、そうじが楽しくなります。

Ⅳ 学級活動いろいろ

《5》係り活動

● どんな係をおくか決める

　前の学年でやっていた係を出しあい、学級生活をみんなが快適にすごすために絶対に必要なものにしぼりこみます。窓、電気、あいさつ、テレビ、カギ、先生のお手つだい、花、生き物、れんらく、集め、配り、歌、保健、図書、給食、掲示、あそび、国語、算数、社会、理科、体育、図工、音楽などなど、実にたくさんの係が出されてびっくりします。1人1役では、係活動をとおして、協力やリーダーシップを育てることはできません。私は班活動のひとつとして係をさせたいのですが、はじめはやはり好きな係をしたいという意見が多くて、かなりしぼっても8～12ぐらいになります。最低2人以上で、好きな係に入ります。

　したい仕事で選ぶ子、好きな子といっしょになれる仕事を選ぶ子、さまざまですが、班とはちがったひとつの出会いの場です。ここでも、あの名札が役に立ちます。そうしてできたグループでもリーダーを選んで、自主的な活動ができるように育てていきます。さっそくリーダーを中心に、色画用紙に係名やメンバー、仕事のなかみなどを書いて貼りだします。どの係もやる気まんまんのはずなので、必要な道具や、活動を保障する時間、工夫の相談にのるなど、数が多くて大変ですがていねいに指導していきます。

● 班でとりあう係活動

　何度かの班がえでなりたい人どうしの班ができたときが、班係制導入のチャンスです。班の数だけの係にして、やりたい係に立候補し「自分たちの班が、この係になったらこんなことをする」と、仕事内容ややる気を公約として、

発表してとりあうのです。公約なんて、市長選挙みたいで喜びます。

　班の数にもよりますが、給食（たまにピクニック給食をしたい）、遊び（週に２～３回、昼休みの前半をみんなで遊びたい）、図書（朝読書のために学級文庫を充実させたい）、掲示（教室の美しい環境づくりと、○○コンクールなど楽しい企画もほしい）、保健（毎日保健室に提出する欠席調べや、休んだ子への「お休み通信」も書いてほしい）の５つの係は確保したいです。各教科の学習委員をつくらない場合は、学習係も必要です。

　希望の係がぶつかる場合があるので、第３希望まで公約を考えておくようにアドバイスすると、班内で希望を調整しながら順位を決めます。

　はじめはどの班も同じような内容なので、一番弱そうな班にこっそりアドバイスをして、工夫の仕方を教えます。一番希望が重なった係から、公約を発表し合い、立候補以外の班で、どこの公約が一番よかったかを話し合って、班１票の多数決で決めます。負けた班は、第２希望に挑戦します。

〔注〕「ピクニック給食」「みんな遊び」「お休み通信」「学習委員」については、拙著『のんちゃん先生の楽しい学級づくり』で詳しく紹介。

Ⅳ　学級活動いろいろ

《6》終わりの会

◆1日の終わりをしめくくる

　1日の終わりをしめくくる会です。いちばんの楽しみは、つぎの日番とのひきつぎのセレモニーです。2人で声をそろえて「明日の日番、出てきてください」で、向かいあわせにならびます。今日の日番が「明日1日、よろしくお願いします」と頭を下げると、みんなで「ごくろうさまでした！」と大きな拍手をおくります。その拍手と同時に、日番どうしが拍手ならぬ握手をしてバトンタッチします。このときがワクワクしてうれしいようです。

```
=《プログラム》=
〈1〉はじめのことば
〈2〉今日1日で言いたいこと
〈3〉係から
〈4〉先生から
〈5〉歌
〈6〉おわりのことば
〈7〉日番のひきつぎ
〈8〉帰りのあいさつ
```

　次の人が欠席のときは、明日は出席してくれることを期待して、先生が代わりに握手します。女子は喜びますが、男子は照れながら仕方がないというように手を出します。本当はとっても嬉しいのですが。

◆トラブル解決の仕方を学ぶ場に

　プログラム〈2〉の「今日1日で言いたいこと」では、うれしかったことやがんばったことには、みんなで拍手します。でも、いやだったことのときは、「Tくん、本当ですか」と相手に事実を確かめ、「見ていた人はいませんか」とほかの人の意見も聞き、事実であれば「あやまってください」で解

決することが多いです。あやまれないときは、それなりの理由があるので、先生が解説をして双方が納得するように解決してやります。

　暴力や人権にかかわるような問題のときは、指導のチャンスなので時間をかけてきちっと解決する必要があります。大きな問題のときには、あせって解決しようとせず、一時保留して、学年や生徒指導の先生に相談しましょう。

　「どうしても許せないぐらい腹が立ったり、くやしかったり、悲しかったり、つらかったことを、学校でだれにも言わないで家に帰ると、夕食がのどを通らなかったり、夜もなかなか眠れなかったりして、ストレスがたまって病気になってしまうことがあります。終わりの会で言うほどのことでなければ、ミニミニ日記（58ページ）に書いたり、先生にこっそり言いにきてほしい。先生が聞いていないことで、おうちの人から言われたら『あー、何で先生に言ってくれなかったんだろう』って、とっても悲しいです」と言って、いやなことをいやなまま家に持ち帰らせないようにします。

　トラブルがあるのが当たり前で、いやなことを出せて、その解決の仕方を学べる場を、日常的に保障しておくことが大事だと思うのです。

Ⅳ　学級活動いろいろ

《7》れんらく帳の役割

◆担任・子ども・保護者をつなぐれんらく帳

　れんらく帳は、ふだんは担任から子どもへの連絡事項を書かせるものになっていますが、保護者と担任の間でおたがいに連絡したいことがあるときに利用するものでもあります。低学年では、毎日保護者が目をとおすことを要求し、保護者印やサインをもとめます。それだけに「一日でいちばんきれいな字で書きましょう」と、毎日ていねいに書く指導をします。

　でも、高学年になると、担任も忙しく、子どもの帰る時間も遅くなるので、毎日見るのはとても大変です。そうなると、まともに書かなかったり、担任や保護者からの大事な連絡を見せずに、後で困ったことがおきることもありますので、大変でも毎日見た方がいいと思います。

　また、書いた文章は後に残るので、相手のうけとめ方も考えて慎重に、誤解をあたえないように気をつけて書く必要があります。時間がないときは簡単にして、こみ入ったことは電話か、直接会ってお話した方がいいでしょう。

◆忘れものをへらす⑰

　⑪は「宿題」、⑰は「時間割」、⑯は「持ってくるもの」、⑰は「プリントや手紙類の枚数」（高学年ではあまり書きませんが）、ほかに⑰＝「連絡やお知らせ」、ここまでは、だいたい同じですが、私の場合は、給食がはじまったら⑰＝「忘れ物」と⑪＝「ミニミニ日記」が加わります。忘れ物があるときは「⑰音読カード」などと、忘れたものを書きます。ないときは、「⑰なし1（1回目）」というふうに回数を書いていきます。連絡帳を見てやりながら、10回目、20回目と、10ごとにシールを貼ってあげ、

「50回になったらキラキラシールだよ」なんて見せておくと、忘れ物をしないようにがんばります。

　1学期だけで最高76回目の子がいました。忘れたことを忘れて「なし」と書くこともあるので、「あれ？　算数の本、忘れてなかった？」と言って赤ペンで書いてやると、「あ、そうやった」と頭をかきます。忘れ物などには関心がなく書こうとしない子には、「今日は⑩は、どうだったかな？」と聞きながら、何度か書いてやると自分でも書くようになります。

　毎日、必ず何か忘れている子でも、たまに「⑩なし」になったときは、ほめながら何回目かを書いてやり「もう少しで10になるよ。がんばって！」とはげまし、10回目にはみんなには内緒で特別シールをあげると、とても喜びます。ガミガミ怒っても、忘れ物調べ表をつくって見せつけても、本人がその気にならなければどうにもなりません。家庭的な問題をかかえている場合はなおさらです。家にもなくて持っていないときは、こっそり貸したり、あげたりします。

◆子どものトラブルもキャッチするミニミニ日記

　一昨年17年ぶりに６年を担任したとき、どうしようか迷ったのですが、40人近くもいると、１日に１度も声をかけない子がいて不安になり、ミニミニ日記（日）を提案し、毎日見ることにしました。日は、その日の嬉しかったことやいやだったこと、友だちと遊んだことや心に残っていることなどを、自分の記録としてだけでなく、先生やおうちの人にも教えてあげるような気持ちで、２～３行の短い日記として書いてもらいます。

　子どもたちが休み時間をどう過ごし、だれと遊んだのかがわかったり、専科の時間にほめられたことや、ときには終わりの会でとりあげて話し合わなければならないような重大な問題が書かれていることもあり、担任の目の届かないところでのできごとがつかめることもあります。

　特に、仲良しだった女子が急によそよそしくなったときなど、お互いの微妙な感情のズレや誤解が日からわかり、「先生って、愛のキューピットみたいやなあ」と言いながら、絡んでもつれた糸をほぐして、仲直りさせてあげたりします。高学年ほど、いろんな角度から子どもの心の動きをつかむ必要があり、日はとても有効な手段だと思いながら続けました。

　いやだったことを書いた子には「よく書いてくれたね」と言って、事情を聞き、相手の子と話し合って、解決してあげてからお返事を書きます。日に書かなくても、家に帰ったら自分の都合の悪いことは省いて親に言うのですから、事前につかめたことを喜ばなくてはなりません。

　日は終わりの会の前に見ることにしています。ほとんどの子は、顔を見て「へえー、そうなの」と声をかけながら「よかったね」「がんばったね」「ラッキーだったね」「残念だったね」の４種類の返事ですが、複雑なお返事が必要なときは預かっておいて、最後に書きます。６年生の懇談で「帰ってから何も話してくれないので、ミニミニ日記がとてもありがたいです。大変だと思いますが、ぜひ続けてください」と言われました。

　40人もいると行列ができて目を通すのが大変なので、給食が早く終わった子は「連絡」と日を書いてもいいことにして先に見せてもらいます。

Ⅴ 授業のわざと工夫

　学級生活に必要な組織づくり、活動のしかたやルールを指導しながらも、授業がはじまります。教材研究も準備もしていない授業は、子どもたちにもわかり、すぐにざわついてきます。教材研究、指導計画、板書計画、発問、そして、子どもによりわかりやすくするための教具の工夫などしておくべきことはたくさんあるのに、そのための時間は学校ではほとんど保障されていません。でも、日本には、先輩の先生たちが研究し、実践を積まれてきたすばらしい財産がいっぱいあります。私がしてきたことも、オリジナルというよりは、きっと若い頃たくさんのサークルに出かけて勉強したことが土台になっていて、その年、その年、子どもの実態に合わせながら自分なりに工夫してきたことばかりだと思います。

V 授業のわざと工夫

《1》授業びらき
―― オリエンテーション①

◆教科書の使い方の工夫

　教科書を教えるのではなく、教科書で教えるので、教科書にしばられる必要はありません。子どもたちがびっくりするようなものを持ち込んだり、何を勉強するのかな？と、ワクワクするような導入を工夫できればすばらしいです。先輩の先生たちは、そういう財産をいっぱいお持ちですから、積極的に聞き、見せてもらって吸収する姿勢が大切です。

　でも、今は教科書でも楽しくすすめられるようにいろいろと工夫されていますので、指導書でよく教材研究をして、本時のねらいをしっかりもって授業にのぞみましょう。

　授業のはじめに、教科書の表紙の裏か目次のページに、その教科書に出てくる印やキャラクターがのっていますので、できれば厚紙かマグシートなどで大きいのをつくって黒板に貼り、説明しておきます。

　クラスの中に、キャラクターと似た子がいたら、本人の了解がとれれば、「Mくんマーク」などと名づけて、授業中に「はい、Mくんマークを、男の子みんなで読みましょう」と言って読んでもらいます。

　教科書によってちがいますが「博士マーク」がついている文は、この勉強のまとめで「大切ですよ」という意味なので、ノートに書いて赤鉛筆でかこみます。授業の中の要所要所でうまく使うと、子どもたちも喜び、文字や数字ばかりの黒板より楽しいです。

　つぎに、目次で、1学期はどこまで勉強するか、どんな勉強をするかを、子どもたちといっしょに見ていきます。

教科書を教えるのではなく教科書で教える。何を教えるかをしっかりもって楽しいくふうを！

国語

勉強するときはしっかり集中して勉強する

遊ぶときは思いっきり遊ぶ

『けじめ』をつける

次の授業の用意を机の上に出してから遊びに行くよう習慣づける

◆授業のルールは最初にしっかり！

「休み時間はきちっととってあげます。だから、授業の時間も守ってください。遊ぶときは思いっきり遊び、勉強するときはしっかり集中して勉強するという『けじめ』をつけましょう」と要求します。

できれば、はじめのうちはがんばって授業を1分ぐらい早めに終わって、次の授業の用意を机の上に出してから遊びに行くように、習慣づけましょう。チャイムが鳴ってからだと休み時間確保の約束がうそになりますから。習慣になるとこわいもので、チャイムが鳴ってからでも自分で用意します。

特に次が専科の授業のときは、遅れないようにするためにも持っていくものを机上に用意させておきます。学習用具を忘れた子は、休み時間に先生に相談にきて、教科書はとなりの組に借りに行き、ノートは先生から白紙をもらいます。授業の初めには班長さんに、用意できているかもう一度確かめてもらいます。

先生が、前に立ったら口を閉じて集中する、人の発言は最後まで聞き、バカにしたような言葉を言わないなどを約束してもらいます。

V 授業のわざと工夫

《2》授業びらき
―― オリエンテーション②

◆わからない子を大切に

　新卒2年目で1年生を担任したとき、先輩のO先生に「どんなクラスにしたいか」と聞かれて、「何でも言える、仲のよい楽しいクラスにしたいです」と答えたら、「本当に仲のよいクラスにしたいと思ったら、クラスの中で一番弱い立場の子をうんと大事にしてやりなさい。先生が大事にしない子は、ほかの子どもたちも大事にはしない。一人を大事にしないクラスは、お互いを大事にしないから、仲のよいクラスにはならないんだよ」と言われて、「なんてすてきなことを言う先生だろう！」と感動しました。

　わからない子に、先生が「何でこんなん、わかれへんのや。前の学年でなに勉強してきたんや！」なんて言ったら、ほかの子どもたちも必ず先生と同じ口調で「4年のとき、なに聞いっとってん、さぼっとったやろ！」とえらそうに言います。とても、こわいです。先生が、やさしくていねいに教えていたら、ほかの子もやさしく教えてくれるようになります。

　3年前に1年生を担任したとき、学級内でたくさんのクラブができました。お絵かきクラブ、泥だんごクラブ、たんけんクラブなどなど。そこで、私も「勉強クラブ」をつくって、「今日の放課後、15分だけ勉強クラブをします。今日は算数の足し算です。ご指名はPさん、Hくん、Sくんです。他の人も歓迎です。手つだってくれる人、大歓迎です」と言って呼びかけると、何人もの子が「ボランティア、ボランティア」と言って教えにきてくれました。

　わからない子を大切にすることは、わかったと思っている子にも、より深くわからせてあげられるチャンスでもあるのです。

◆安心してまちがえられる雰囲気をつくる

　自分だけがわかったらよいのであれば、わざわざ教室でみんなでいっしょに勉強する必要はありません。みんなが知恵を出し合って考え、わかったことはどんどん発表して、わからないことは何でも聞いて、教えあって、みんなで賢くなっていくためにいっしょに勉強するのだということを教えます。

　教室はまちがうところです。わからないから勉強するので、まちがっても恥ずかしがることはないし、まちがいから学べることも大きいので、まちがったからとバカにして笑ったり、まちがってるかも知れないからと、黙っていたりしないように、安心してまちがえられる雰囲気をつくることが大事です。

　そのためには、まちがったり、わからないと言ったときに、「だれか、Nくんにわかるように説明できる人はいますか？」と聞いて、説明できればほめて、だれもできなければ先生が、どこでつまずいたのかを解き明かしてみせて、「Nくんのおかげで、もう一度しっかり勉強できたね」と言ってあげると、本人も喜ぶし、笑ってしまった人がいても自分で反省してくれます。

Ⅴ 授業のわざと工夫

《3》話し方の工夫

◆話術をきたえる

　一本調子でなく、声の大きさや強・弱、間のとりかたでメリハリをつけ、ときには目を閉じたり、大きく見開いたり、ジェスチュアを入れたりして、子どもたちをひきつけるような話し方を身につけていかなければなりません。

　2年目のとき生活指導のサークルで、

「教師は、すぐれた演技者であり、演出家でなければならない」

と言われて、当時、まだとても内気だった私は、「えーっ、教師って演技も演出もするんだ！」とびっくりしました。それからは、恥も外聞もなく、自分を変える努力をして、今のようになりました。だから、「人間は、努力すれば、必ず変わる」ということに確信をもっているのです。話術をきたえるために、落語を聞いて研究された先生もおられます。

　話を聞いていない子がいたら、叱るより、話の途中で「ねえ、Dくん、今のことについてどう思いますか？……えっ、聞いていなかったの？　じゃあもう一度言います。聞いててね」と、聞かせるようにします。

◆さわがしくなったら

　落ちこんだり、怒ったりする前に、まず何が原因かを考えます。自分の準備不足なら、教材や教具を工夫し、子どもたちが集中するよう努力します。

　いつも特定の子がしゃべっているようなら、何を話しているのか、今話さなければならないようなことなのかを、率直に、真剣に聞きます。大事なことなら手をあげて、みんなに言うように、そうでないなら休み時間に話すように、どの子にも学習する権利があり、教師にはみんなの学習権を保障する

義務があるので、注意するということをはっきり言っておきます。

　一部の子のおしゃべりが常態化すると、それをきちっと指導しない教師への反発が、あきらめになり、それなら自分もと、全体が騒がしくなってしまいます。また、常にガミガミと口うるさく注意ばかりしていたり、感情的に怒鳴ってばかりいると、ほかの子まで怒られているようで、クラス全体がいやな気分になり、子どもだけでなく教師自身も楽しくなくなります。

　「まだ音が聞こえる、まだダメだ」などと、完全に物音がしなくなるまで待っていたら永遠にチャンスはきません。一瞬の静寂をつかんだときに、間髪を入れずに話して「主導権」をとります。そして、長々としゃべらずに、さっと作業にはいらせるなど、先手先手の指導も必要です。

　意識的に反抗していると思われる場合は、一人で悩まず学年の先生にも相談して、その原因をきちっと解決していかなければなりません。

　数年前に、声帯ポリープの手術をしたとき、声を出さずに「しずかに」などの札を見せたら静かにしてくれて感動しました。札もいいかも知れません。

V 授業のわざと工夫

《4》板書とノート

◆この１時間の学習課題を明示する

　教材研究とともに、必ず板書計画を立てましょう。板書を見ると、その１時間の授業の流れがわかり、学習のまとめができます。

　まず、その時間に学習する課題を提示します。算数の場合は、横書きで、黒板の左上に「くり上がりのある計算のしかたを考えよう」などと書き、その下に問題文を掲示します。問題文をいちいち黒板に書いていると、子どもたちに背中を向ける時間が長くなりますので、拡大コピーしておいて黒板に貼るようにします。特に、グラフや表は必ず拡大コピーした方がいいです。

　先生が一方的に説明するのでなく、子どもたちが前に出て活動できるように、画用紙で作ったタイルなども用意しておきます。授業の終わりに、「今日は、こんなむずかしい問題ができるようになったね」としめくくります。

　国語は、一つの教材を何時間もかけることが多いので、題名をたんざくに書いて貼るだけでよいようにしておきます。また、その時間で読みとったことをみんなで確認して、要点を画用紙などに書き、次の時間にはそれを見て前時の学習が思い起こせるようにしておくことが大切です。

◆チョークの使い方

　ほとんど「白」で書きますが、大事なことは「黄色」をつかいます。「赤」は、見えにくいので文字にはあまり適しませんが、線を引いたり、かこんだりするのには強調できていいです。ただし、国語の場合は、悲しい気持ちを「青」で書いたり、うれしい気持ちを「赤」で書いたりして、色で対比することも効果的な場合があります。

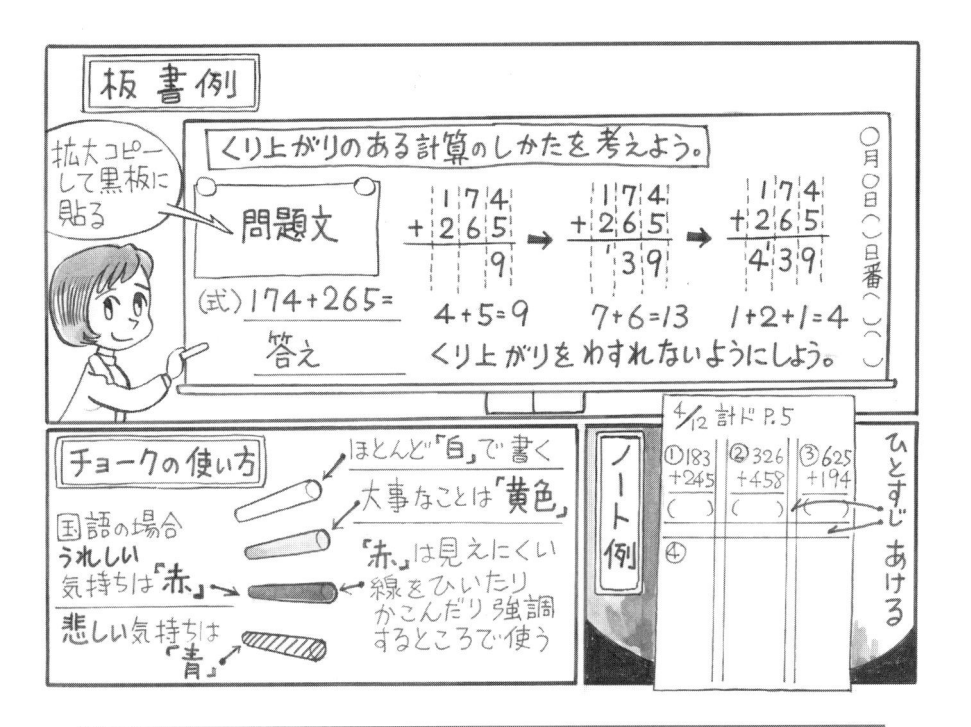

◆ノートの書き方を教える

　ノートにも、板書をうつしたり、自分で調べたことを書いたりして、学習のあとがしっかり残ります。たぶん、新年度は新しいノートでスタートすると思いますので、まだきれいなうちに、ページをとばさないように書くなど、最初にノートのていねいな使い方を指導しておきましょう。そのためには、たまには集めてみて、コメントを書いてやることも大事です。

　算数は必ず日付と、教科書やドリルの問題のページや、問題の番号もきっちり書かせます。いつ習ったかふり返って「公式」などを再確認したり、問題の答え合わせをしたりするときに、どこに書いたかさがしまくらなくていいようにするためです。

　また、問題や答えの数字がどこで分かれているのかわからないほどくっつけて書く子がいますので、となりや下の問題とも1ますあけるように書かせ、勉強に使うものをけちってはいけない、見やすく書くことが大事であることを教えます。

V 授業のわざと工夫

《5》発表するとき、聞くときのルール

◆発表するとき

　発表するときに、自分が今から言おうとする意見の内容がみんなにもわかるように「○○のことで」「つけたして」「同じだけど」「少しちがうけど」「質問だけど」「別のことで」などを、手をあげながら言うように指導しましょう。そのために、いつも黒板には「発表するとき」の約束を書いたカードを掲示しておくといいです。

　自分で発表することの中身を整理することもできますし、こちらも「つけたし？　じゃあ、先に言ってもらおうかな」とか、「別のこと？　じゃあ、次に当てるので待ってね」と、いま話し合っている内容にからむ発言から当てていけるので、話題があっちへ行ったりこっちへ行ったりしなくてすみます。

　はじめは国語でスタートしたのですが、慣れてくるとすべての教科で言うようになります。慣れるまでは「それは、質問だね」とか、「同じでもいいよ。自分の言葉で言うことが大事だよ」と、発言しやすいようにフォローします。

◆聞くとき

　聞くときも、友だちの発表に対して、「そうだ」と思ったら「なるほど」、「ちがう」と思ったら「えーっ、そうかな？」と反応を示し、聞きながら自分の意見をもつように指導します。「聞くとき」というカードも、いつも黒板に掲示します。たまに、判断に困るときは「うーん？」もあります。「えーっ、そうかな？」の場合は、必ず自分の考えがあるはずなので、「じゃあ、○○

[漫画部分]

発表する時
・〇〇のことで
・つけたし
・同じだけど
・少しちがうけど
・質問だけど
・べつのことで

言おうとする意見の内容がみんなにもわかるように手をあげながら言う

「じゃあ先に言ってもらおうかな」
「つけたし」

聞く時
・なるほど
・えっ、そうかな？
・自分の考えをもとう

「今の意見についてどうですか？」
反応がないときは
「な…なるほど」
反応が大事！

さんに自分の考えを言ってあげて」と、発表してもらいます。

　せっかくいい意見を言っているのに反応がないときは、黒板のカードをはがして、「今の意見について、どうですか？　反応してあげてください」と催促しますと、あわてて「なるほどー！」と言ったりします。

◆みんなで学び合う姿勢を

　一問一答だったり、いつも、先生だけが反応して、いい意見だとほほえんで、いまいちだと首をかしげたりしていると、先生の顔色をうかがい、先生の方ばかり向いて発言するようになります。

　できるだけみんなの方を向いて発言するように、聞く人も、発言者の方を見るように指導しなければなりません。あまり、先生の方ばかり見て発言するようなら、「みんなの方を見て言って！」と指示したり、先生の立つ位置を横や後ろに変えて、自然にみんなの方を見るような工夫が必要です。

V 授業のわざと工夫

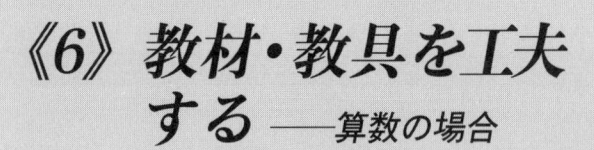

《6》教材・教具を工夫する——算数の場合

◆算数1年生

数字トランプ

今は1年生でも、数字もひらがなも書ける子がほとんどですが、数を量と結びつけて理解している子は少ないようです。本当はとても大切なのに。

1年生を担任したらいつも数字トランプをつくっていました。若い頃算数サークルでもらった原稿を今でももっています。トランプのように、数字「1」、読み方「いち」、タイル「□(1個)」、絵「ぞう1頭」の4枚が1組になっています。0から10まであって、「ババぬき」や「七ならべ」などトランプと同じ遊びをしながら、数字と量を結びつけて覚えさせるのです。

3年前に担任した1年生には、ベトナムのHちゃんがいたので、これがとても役立ちました。このトランプがしたくて、放課後の「勉強クラブ」に残ってくれた子もいました。

「8+5」などのくり上がりのある計算には、10コ入り卵パックの絵をつ

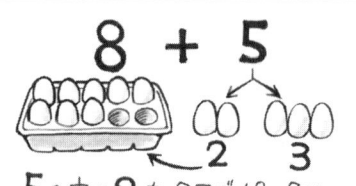

5の中の2をタマゴパックに入れて10にし、のこりの3をたすと「13」になる。

$10 + 3 = 13$

かけ算を教える（２年生のプリント）

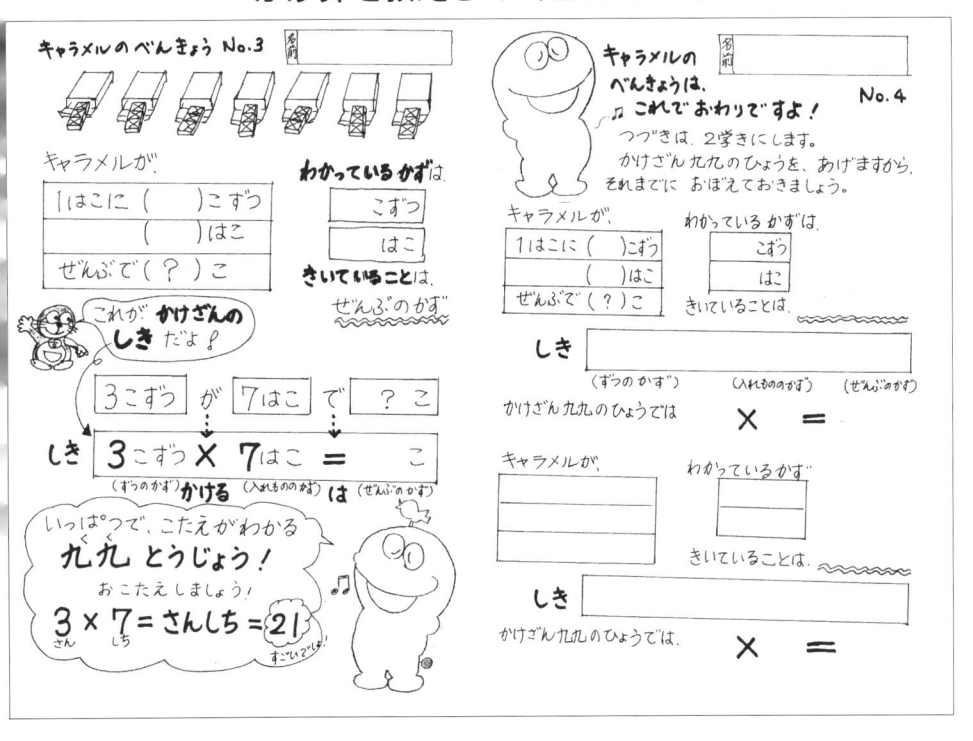

かい、卵パックに２コ入れて10コにしてから、残りの３をたして13というふうにするとわかりやすかったようです。

◆算数２年生

　２年生のかけ算は、どんどん教える時間が削られてきて、苦肉の策で考えたドラえもんの「キャラメルのべんきょう、はじまり、はじまり」を、子どもたちはいちばん喜びました。

　「キャラメルが１箱に３コずつ、７箱では？」で、ドラえもんが「いっぱつで、答えがわかる『九九』とうじょう！」と言って、九九を導入しました。９の段まで本物のキャラメルをつかって、実際に数えて確かめ、最後は全員にキャラメルをあげたからかもしれません。

　むずかしいのは７・８・９の段の後半だけですから、どうしても覚えられないのは、カードに書いて「おふだ」にしてあげます。筆箱の中や机の上、

キャラメルを使って九九を教える

かけざん九九 をつかうと、キャラメルのかずが すぐに わかるよ！

2こずつが○はこで 2×○=	3こずつが○はこで 3×○=	4こずつが○はこで 4×○=	5こずつが○はこで 5×○=	6こずつが○はこで 6×○=	7こずつが○はこで 7×○=	8こずつが○はこで 8×○=	9こずつが○はこで 9×○=
2×1=2	3×1=3	4×1=4	5×1=5	6×1=6	7×1=7	8×1=8	9×1=9
2×2=4	3×2=6	4×2=8	5×2=10	6×2=12	7×2=14	8×2=16	9×2=18
2×3=6	3×3=9	4×3=12	5×3=15	6×3=18	7×3=21	8×3=24	9×3=27
2×4=8	3×4=12	4×4=16	5×4=20	6×4=24	7×4=28	8×4=32	9×4=36
2×5=10	3×5=15	4×5=20	5×5=25	6×5=30	7×5=35	8×5=40	9×5=45
2×6=12	3×6=18	4×6=24	5×6=30	6×6=36	7×6=42	8×6=48	9×6=54
2×7=14	3×7=21	4×7=28	5×7=35	6×7=42	7×7=49	8×7=56	9×7=63
2×8=16	3×8=24	4×8=32	5×8=40	6×8=48	7×8=56	8×8=64	9×8=72
2×9=18	3×9=27	4×9=36	5×9=45	6×9=54	7×9=63	8×9=72	9×9=81

トイレの壁や天井に貼ってとなえると、やっつけることができます。

「分数」の指導では、4人組で「2分の2～10分の10」までの分数タイルを1セットずつつくりながら、分母が大きくなるほど細かくわかれていくことを実感させていきます。

「小数」の指導では、1リットル～1ミリリットルます（小数指導用に備品として学校で買ってもらえます）まで用意しておいて、ジュース（色水）を実際にはかっていきます。1リットルますで「はんぱ」がでたら10分の1のます（0.1リットル）ではかり、また「はんぱ」がでたら、そ

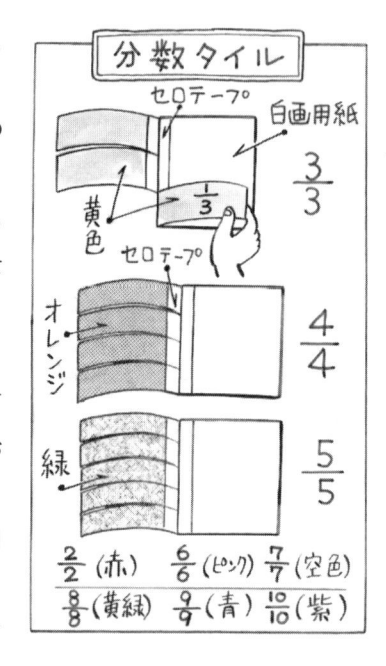

分数タイル

セロテープ／白画用紙／黄色／$\frac{1}{3}$／セロテープ／$\frac{3}{3}$

オレンジ／$\frac{4}{4}$

緑／$\frac{5}{5}$

$\frac{2}{2}$（赤） $\frac{6}{6}$（ピンク） $\frac{7}{7}$（空色）
$\frac{8}{8}$（黄緑） $\frac{9}{9}$（青） $\frac{10}{10}$（紫）

の10分の1のます（0.01リットル）ではかります。また、「はんぱ」がでると、子どもたちはもうこれ以上小さいますは作れないだろうと思っているので、「ジャーン！」と言って、その10分の1のます（0.001リットル＝1ミリリットル）をだしてやると、びっくりして大喜びします。そこで、ちょうどはんぱがでないようにできるとバッチリですが、またはんぱができたら、ますはなくてもその10分の1の位があることはもうわかり、いくら小さくなっても表せる「小数」という言葉をおさえます。

「大きな数」は位の窓に数字が入れられる「くらいどり表」をつくり、一万から千万までをマンション、億の位をオクションなどと言ったりして教えます。10倍すると位がひとつ左へ、100倍だと2つ動くようになっているので、びっくりします。

V 授業のわざと工夫

《7》教材・教具を工夫する——国語の指導

◆音読を楽しく

　声を出して読むことの大切さは、かなり以前からいわれています。

　授業の中でも、はじめ、中、終わりの3回ぐらいは音読がはいるように組み立てると、メリハリができます。読み方にも、いっせい読み、指名読み、順番読み、男子と女子（班と班や、1人と全員など）が交互にかけあいで読む方法と、群読などがあります。

❖——群読

　クラスの中に、声がとても小さかったり、自信のない子がいるときは、班ごとで「群読」をするといいです。群読には、「詩」が適しています。内容を考えて、どんな読み方をしたらよいかを班で話し合い、オーケストラをイメージして、全員で大きな声で読む、男子だけ、女子だけ、1人で、2人で、1人ずつふやしていって全員で、などと工夫します。

　声の小さい子には、2人で読みながら一部分を1人にして、全体のトーンをくずさないようにはげまします。1人で読めるようになると、「先生、聞いて！　Nさんが読めるようになったから聞いて！」と、班のみんなが喜んで言いにきてくれます。それだけでも自信につながります。

　班での練習が終わったら、発表会をして、よかったところや感想を出し合います。時間があれば、自分の班以外で、もう一度聞きたい班を選んで聞いてもいいです。先生は、各班の工夫点を評価してあげます。特に、声が小さかった子が大きな声で読めるようになったら、本人も班も高く評価します。

❖───一文(いちぶん)読み

　文字を正しく読むことが基本ですので、ときには4人組にして、順番に一文ずつ読み、リーダーが4人の名前を紙に書いて、その下にまちがったら1本ずつ線を書いて「正」の字にしていきます。

　書いてある字をとばさない、書いてない字をかってに入れて読まない、つまって間が空いても、声を出さなければセーフというルールです。

　4人組でしているときは、誰かがまちがえると「イエ〜い、まちがった」と言って喜んでいるのですが、4人組の班対抗でやりますと、今度は自分の班の人がまちがえないようにと祈るように聞いています。そして、うまく読めたら、音を立てないように拍手をしています。

　まちがって責められると、また次のときもまちがいやすいので、小さい声で「ドンマイ、ドンマイ」とはげましています。つまってもいいというのが、自信のない子にも安心なのです。

◆漢字の指導

漢字は3・4年生が一番多くて200字、そのうち1学期に100字ぐらい出てきます。1週間に8文字くらいの割で教えないと、夏休み前にばたばたとつめこむことになります。

❖──漢字はすこし早めに

子どもたちは、ほかのクラスの進度をとても気にします。本当は進度の問題ではなく、どれだけわかったかが大事なのですが、そんなことを言っても言い訳にしか聞こえず、自分たちの先生は新任だから進度がおそいと不満をもちますので、せめて漢字ぐらいは漢字ドリルで教科書の単元の進度より少し早めに計画的に教えてやると安心します。

ドリルには読み方、画数、部首、意味やなりたち、覚え方、熟語などものっていますので、はじめにきちっと説明し、興味をもって練習するよう指導しておきましょう。

また、漢字はずっと昔に中国から日本に伝わったので、中国の読み方を「音」読みといい、日本の読み方を「訓」読みといって、ほとんどの漢字に二通りの読み方があることや、筆順は、上から下へ、左から右へが基本で、たまにちがうのもあることなど、学年の発達段階に応じて教えてやると、尊敬されるかも知れません。

❖──毎日5問テストで定着を

数も多く定着しにくいので、毎日ドリルの10問ずつを宿題にして、前半の5問をテストするようにします。一人ではがんばれない子のために、漢字山登りなどのカードをつくり、はげまし合えるように工夫します。

漢字山登りは、5問テストで（漢字1つまちがったら10点、ひらがな1つまちがったら1点引くという計算で）80点以上なら、スタート地点から順に〇を1つずつぬっていきます。それだけなら全く個人でがんばるだけなのですが、班の人が全員80点以上になれば2つすすめるようにすると、班の中でがんば

漢字山登り

自分が80点以上とれば、一つ目の○印の中に日付を入れて、そこまでの道に色をぬっていきます。班の全員が80点以上とれば、○印が2つ目まですすめます。

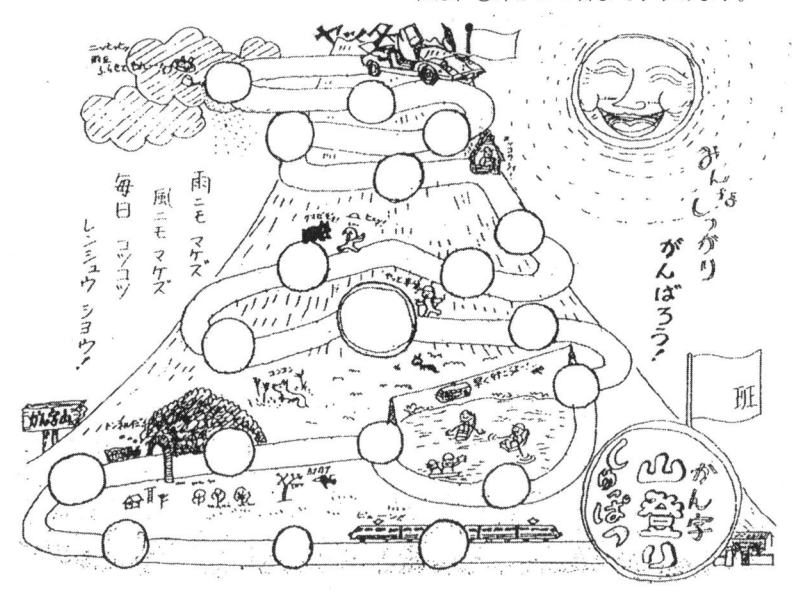

るようにはげまし合いがおこります。

　頂上まで登れたら、太陽の周りにキラキラシールを貼っていくようにすると、早くそれがほしくて、ときにはテスト中にこっそりヒントを教えたり、練習をいっしょにしてくれたりします。そうするように、班長に働きかけもしていきます。練習すればできるということをわからせてやりたいのです。

　また、少しがんばりはじめると「全員が100点になったときは宿題なしにしてほしい」という声が必ずでてきます。そのときは、そうしてあげます。1日の宿題なしぐらいで、みんなが100点になってくれたら嬉しいです。

❖──漢字ビンゴでおまけの宿題

　漢字ビンゴはとても喜びます。宿題のドリルの10問の中から新出漢字を使っている熟語や言葉を9つ選んで、ビンゴカード（たて3つ、横3つで9マス／次ページ図参照）に書き込み、必ず読み仮名もつけさせます。先生の言う熟語があれば、それに○をつけていきます。2問で全員リーチになるのですが、

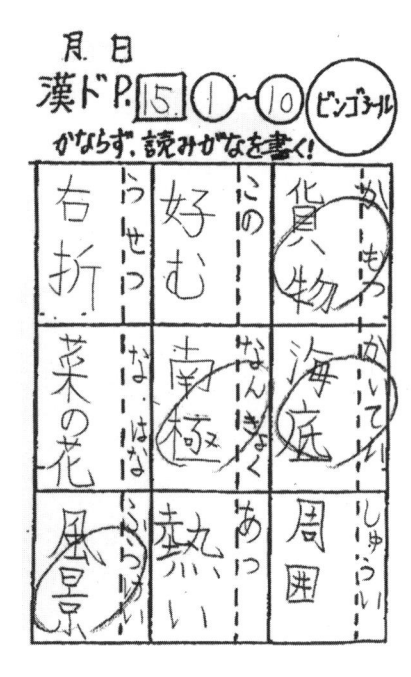

漢字ビンゴ

①宿題の新出漢字10問の中から子どもたちが自分で9つの熟語を選んで、左のビンゴカードに書きます(読み仮名もつける)。
②先生が読み上げる熟語があったら、そこに〇をつけます。
③2つ並んだら「リーチ」(例：貨物と海底、南極と海底)、3つ並んだら「ビンゴ」(例：貨物→南極→風景)です。

◆ビンゴになった人には食べ物シールの中から好きな1枚をプレゼント！

嬉しくて「リーチ、リーチ」とにぎやかです。

　先生の言う順番でビンゴが決まるので、全くの偶然ですが、むずかしそうな漢字から言うので、「勘」も働かせます。3問目でビンゴになる人は少ないので、4問目まででビンゴになった人は手をあげてもらって、あとで食べ物シールの中から好きなのをあげます。いくつビンゴになってもシールは1つです。10問まで全部言ってあげます。それでもまだ〇をつけられないのが残っている子は、新出漢字ではないのを書いている場合が多いのですが、「そんなかんたんな漢字を言うわけがないでしょ」と言いながら、おまけで言ってあげて、全部〇になるようにします。

　何回かして、「まだ一度もビンゴシールもらったことがない人、いる？」と聞いて、もしいたら、机間巡視のふりをして、どれを言ったらビンゴになるかを見ておいて、それを言ってあげます。

　学校で何回か練習してから、漢字ドリル練習に加えておまけの宿題にしても、意外と喜びます。遊び感覚で、漢字の練習にもなるのでおすすめです。

Ⅵ 問題を抱えた子どもへの対応

　クラスにはいろんな子どもがいます。１年生から大人不信をもって入学してくる子、友だちとうまく交われない子、すぐにパニックを起こす子、勉強はできても身辺自立のできない子、ひっきりなしにしゃべりまくる子、暴力をふるい、暴言をはく子、自分の体に傷をつける子、習い事やスポーツ練習で疲れ果てている子、めちゃめちゃ自分勝手な子などなど、必ず一つのクラスに何人かはいます。

　そして、その一人ひとりの行動の背景にはさまざまな原因があり、それにおしつぶされそうになりながら、その苦しさを発信し、先生にわかってほしいと訴えているのです。一見問題がないように見える子も、そう装っている自分を先生に認めてほしい、自分にかかわってほしいと思っているのです。

VI 問題を抱えた子どもへの対応

《1》子どもの"荒れ"はヘルプのサイン

◉酔っぱらいのようになる省くん

　2校目で担任した1年生に、背はいちばん高いのですが、目つきが鋭く、特に月曜日にはささいなことをきっかけに酔っぱらいのように友だちに突っかかり、ときには眠ってしまう省くんがいました。砂場と粘土遊びが好きで、砂場に行ったら帰ってこず、同じ班の子どもたちに連れに行ってもらったり、粘土遊びをはじめたら勉強道具も出さないので、となりの女の子に出してもらったり、ゲームをしてもルールを守らず、アウトになるとお尻からすべって教室の外に出ようとしたりします。

　1年生なのでまねをしてはいけないと思い「いいことはまねしてもいいけど、悪いことはまねをしてはダメだよ」と言ったら、「ぼくのことを、悪い子って言った」とにらんだので、びっくりして「省くんが悪いと言ったんじゃなくて、みんなが並んで順番を待ってるのに、横からぴゅっと入ってとっていくことがいけないって言ったんだよ」と言いながら、「もしかしたら、この子は心に深い傷をもっているのかも知れない」と思いました。

　家庭訪問では、お母さんに「うちの子はワクにはめられるのがきらいですから、先生もワクにはめようと思ったらうまくいかないと思います」と言われて、ワク以前の問題やのに……と思いながら帰りました。

　お父さんがいないから「お父さん怒り」をしてみたり、「3回注意しても聞かなかったら、ほんとにチューするで」などもやってみましたが、そのときだけしかききません。終わりの会で苦情が出されることも増えて、周りの目を気にし、「この子を何とかしなくては」とあせり、この年ほど全国生活指導研究協議会（全生研）の全国大会を待ちかねたことはありませんでした。

> どんなにパニックに陥っていても心の底では自立を求めて叫んでいる
>
> その叫びが聞こえる教師こそは自らが能力主義・管理主義と体をはってたたかっている教師だ
>
> 生活基盤を洗い出す
>
> どこかに発達のもつれがあるかもしれない

◆子どもの心の叫びが聞こえる教師に

　その年の全生研大会の基調提案は「子どもの生活基盤を洗い出し、人格的自立を促す教育力の創造を」というテーマでしたが、その中で「荒れざるをえないような環境の中で、どんなにパニックに陥っていても、きっと心の底では自立を求めて叫んでいる。その叫びが聞こえる教師こそは、自らが能力主義・管理主義と体をはってたたかっている教師だ」という言葉に、私は目からウロコが落ちる思いがしました。

　この子を何とかしなくては！と、「教師の悩み」で悩んでしまい、省くんの心の叫びを聞こうとしなかった私、省くんはあの荒れた行動で私に何を訴えようとしていたのか、能力主義・管理主義という言葉をきらいながらも、内なる管理主義に陥っていた自分に気づかされました。

◆発達のもつれをつかむ

　まず、生活基盤を洗い出すこと、やはり思い切って離婚の理由も聞こう、父親のことも、3歳までの育ち方も、そして母親の悩みも聞こう、どこかで

発達のもつれがあるにちがいないと思い、夏休みがあけるのを待って、省くんの住む母子寮へケーキをもって行きました。

母親は、省くんと２年生の姉を外へ出し、「３歳までのことを聞かれるのがいちばんつらいです」と肩を落としながら、淡々と語ってくれました。

３歳まで、酒乱の父親のもとで、胸が張り裂けそうになるほど凄惨な育ち方をしてきた省くん。母親は子どもたちの命を守るのに精いっぱいだったのです。そのために、３歳までに身につけるべき「人や物との交わり方」が教えられてこず、自分本位的とも自己閉鎖的ともとれる自己主張をくりかえし、そのたびに悪い子のレッテルを貼られてきたのでしょう。保育所でも、母子寮でも。集団の中にいても、いつも一人ぼっちで、砂場と粘土の一人遊びしかできず、友だちとかかわろうとすれば、言葉不足のため、いつも乱暴な子、悪い子として扱われてしまって……。

「発達のもつれ」という言葉を口にすると、母親は一瞬身構えたようでしたが、周りがそれに気づけば短期間でとりもどせること、今がチャンスであること、まだ甘えたいときなのでしっかり受けとめてやってほしいこと、とくに会話を大事にしてほしいことなどをお願いし、連絡を密にしながら省くんやお姉ちゃんの成長を見守っていこうと約束しました。

それまで、省くんを「困った子、何とかしなくては！」「家庭に問題があるのでは？」という気持ちで話していたときには、心を開いてくれなかったお母さんが、省くんをもっと深く理解したい、心の叫びを聞きとりたいという私の思いが伝わったのか、最後にひとすじ「似んでもいいところだけ、父親に似てしまって……」と、こぼした涙が印象的でした。

●教師が変われば、子どもたちのかかわり方が変わる

私の見方が「困った子」から「ヘルプを求めている子」に変わると、学級の子どもたちのかかわり方も変わります。１学期なら、まず「降りなさい！」からはじまっていたことでも、

「みんな、ちょっと待ってね。省くんはわざとしてるんじゃなくて、今まで、机の上を走り回ったらいけないと教えてもらってこなかったから、今、

みんなに『ダメだよ』と言われて、はじめてよくないことだってわかったの。もう、これでわかったから、これからはしないよね」と言うと、目つきがおだやかになって「うん」と言って机から降りたのです。

「これからも、ダメなときはダメって教えてあげてね」と言うと、子どもたちの言い方が、「変な子」から「知らなかったんだね」と、やさしくなっていったのです。

土曜日の夜9時頃に電話をしたことがありましたが、そのとき、まだ姉弟の声が聞こえたので、月曜日が酔っぱらいのようになる原因がわかりました。土曜日だけは遅くまで起きていてもいいことにしていて、夜遅く寝るのですが、日曜日も朝早く起きて遊ぶので、生活のリズムが狂うのです。それからは、土曜日も早く寝て、日曜日を充実させるようにしてもらいました。

◆母親が、いちばん苦しんでいた

10月に、寮母さんの話から、母親がふとんたたきで省くんをたたいていたということがわかりました。学校でもこれだけ大変な子が、家ですんなり言うことを聞くはずがなく、母親がいちばん苦しんでいたのです。

電話のたびに、「以前担任していた子が急に暴力をふるうようになったので、聞いたら家で暴力をふるわれていたことがわかった」などと例を出しながら、暴力では子どもは変わらないこと、力が逆転したときが大変という話をしてきました。12月ごろ、「私も、のんびり構えることにしました」と言われ、省くんの顔もとてもおだやかになっていきました。

6歳という人生のスタート地点で、もし、省くんの発達のもつれをつかめずに、悪い子のレッテルを貼ったまま2年生にひきついでいたらと思うと、教師の責任の重大さに身が引き締まる思いでした。

全国大会でのあの言葉は、それ以来、私の実践の原点になっています。

VI 問題を抱えた子どもへの対応

《2》怖い経験を心に抱えていたPくん

◆今がPくんを変えるチャンス

　ずっと以前に担任した5年生のクラスに、4年生までは暴力をふるい、言葉も乱暴で、けんかも強くて、学年中から怖がられていたPくんがいました。怖がられてはいましたが、ユーモアもあり、自分の気持ちに正直で、それがときにはみんなの気持ちや要求を代弁していることもあって、嫌われてはいませんでした。担任発表のときとてもうれしそうな顔で、教室に入るとき、私の手をぎゅっと握ってきたので、私もぎゅっと握り返しました。

　さっそく学級代表にも立候補して、即決まり、やる気まんまんでした。暴言はなかなかなおりませんでしたが、暴力は全くなくなりました。小さいときから父親に暴力をふるわれてきたことはわかっていましたが、4年の終わりに両親が離婚し、母親に引き取られた今がPくんを変えるチャンスと、母親をはげましながら連絡をとりあってきました。

◆「殺人犯」呼ばわりされて

　算数で、円を描く練習のとき、Pくんのコンパスはプラスチック製でグラグラしていたので、私のを貸してあげようとしましたが、「いい！」と言ってききません。「そんなこと、言わずに」と、なおも渡そうとする私の手をふりきったそのポーズから、次の図書の時間に「先生は、俺を殺そうとした」と言いだしたのです。あまりのショックに、そのときの状況を何度も説明しましたが、「もう、ええわ、こんな学校！」と、体を震わせて泣き出したのです。給食時間になって、教室に戻りましたが、私は食べる気になりませんでした。休み時間もそのことばかり考えていたら、ハッと、京都の中学校の

```
┌─────────────────────────────────────────────┐
│ 教師は子どもから      │                     │
│ つけられた傷の        │                     │
│ 深さでしか            │                     │
│ 子どもの負ってきた    │                     │
│ 傷の深さを            │                     │
│ おしはかれない        │                     │
└─────────────────────────────────────────────┘
┌─────────────────────────────────────────────┐
│                      │ わかった気にならず  │
│                      │ わかったふりをせず  │
│                      │ わかろうと努力する  │
│                      │ 姿勢が大切          │
└─────────────────────────────────────────────┘
```

　F先生の言葉が頭をよぎりました。

**「教師は、子どもからつけられた傷の深さでしか、
　子どもの負ってきた傷の深さをおしはかれない」**

　私が受けた傷は「殺人犯」呼ばわり、ということは、もしかしたら彼は殺されかけたことがあるのではないか、しかもあのポーズで、と思ったのです。
　帰りのあいさつがすんで「Pくん、少しお話ししたいから残ってくれる？」と言ったら、「うん」と言って私の横にすわりました。「先生はあれからずっと考えていたんだけど、ひょっとしてPくんは、先生のあのポーズで、小さかったときの、とっても怖かったことを思い出してしまったのではないの？」と聞くと、ガタガタと体をふるわせて泣き出したのです。
　「そうか、そうやったんか、ごめんな、先生はPくんのこと、何でも知ってるつもりやったけど、先生の知らんもっともっとつらい経験をしてたんやなあ。先生が悪かった、もう大丈夫やで」と、私も泣きながらPくんの肩を抱きしめました。いちばん怖かったことは、だれにも言えてなかったのです。Pくんとの「出会いなおし」ができました。わかった気にならず、わかったふりをせず、わかろうと努力する姿勢が大切なのだと思いました。

Ⅵ　問題を抱えた子どもへの対応

《3》心を閉ざし、廊下で固まるQくん

◆泣きながら廊下で固まっていたQくん

　昨年の4月途中に、代替教員が来られるまで1週間だけ仮担任することになった3年生。朝、教室に向かうと、廊下で泣きながら固まっている子がいます。朝休み、ボールをとろうとして上げた手が、相手のめがねにふれて飛ばしてしまい、みんなに責められたことはわかっていたので、教室に入り、子どもたちに事情を聞いて、「クラスの子はだれも怒ってないよ。Yさん（めがねの持ち主）が、そんなにボールがほしかったのなら、とるまえにあげたらよかったって言ってくれたよ。だれに腹が立ってるの。クラスの子？」と聞いたら、首を横に振って、ぼそっと「隣のクラスのFくんが、お前が悪いって言って、頭を押さえつけた」と言ったので、「そうか、それはくやしかったね。後で先生が注意してあげる。クラスの子には腹が立ってないのなら、入ろう」と言っても「いや」と、固まっています。

　教室に入って自己紹介のあと「今から、マンガ描くで！　ミッキーマウスやで」と声をかけると「いい」、「じゃあ、気持ちが落ちついたら入っておいで」「いや」、「今度は手品するで」「いい」、「じゃあ、気持ちが落ちついたら入っておいで」「いや」……。

　このやりとりを見ていた子どもたちが、「先生、Qくんはいつも気にいらんことがあったら、すぐすねてずっと固まるねん。幼稚園からそうやった」「X先生やったら、怒ったらこわいから席に座ってたで」と言ったのです。

◆素直になれないQくんの気持ちを代弁

　「先生もね、怒ったらこわいねんけど。でも、Qくんは今、心がとても傷

ついてくやしい気持ちと、クラスのみんなには悪いなあという気持ちとが、心の中でたたかってて、それで固まってると思うねん。だから、Qくんが自分の力で自分に勝って入ってくるまで待ってあげようと思うけど、どう？」

と、廊下にまで聞こえるように大きな声で言いました。みんな「それがいい」と言ってくれました。「それから、人は成長するんだよ。今までのQくんはいつまでも固まっていたかも知れない。けど、3年生になったQくんはちがうよ。いっつもやって、決めつけたらんといてね」と言いました。

すると、どうでしょう。しばらくすると、後ろのドアがすうーっと開いて、お尻からツツツーっとすべるように入ってきて、後ろで一人で牛乳キャップを投げてはツツツーとすべってから、ロッカーの前で座っています。みんなも気づいていましたが、「みんな、見て。Qくんは自分の席までもうあと1メートルのところまできてるよ。1時間もたってないのにすごい成長したね」と言うと、「ほんとやあ、Qくんすごい！」と拍手してくれました。

Qくんは自分の気持ちをきちっと言語化できないので、誤解され、決めつけられてきたことで、心を閉ざしていたのでしょう。きっとチャンスがあれば変わりたいと思っていたのだと思います。

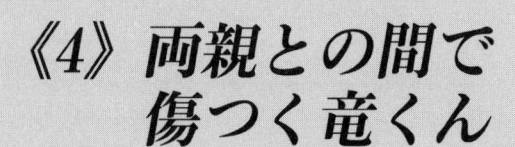

VI　問題を抱えた子どもへの対応

《4》両親との間で傷つく竜くん

◆子猫でさびしさをまぎらわす竜くん

　夫婦げんかが絶えず、毎日、父親が母親に暴力をふるう場面を見て、心がズタズタに傷ついていた3年生の竜くん。新しい漢字を習うと、「神様をころして食べる」とか「王様の首を切る」などの残酷な文しか書きません。
　校内研究授業があって自習していたとき、残酷な文を友だちに注意されて、泣きながら教室をとびだしたことで、母親と話をして事情がわかりました。
　母親は、幼い竜くんをのこして何度か家出をしたそうです。「おかあちゃん、いかんといて」と、足にしがみついて泣くわが子を残したのは、夫を困らせるためだったと話されるのを聞いて、竜くんがかわいそうすぎると、私は泣いてしまいました。
　実は、両親とも父子家庭で育ち、母親の愛情を知らないのです。竜くんにも同じ思いをさせたくないと、父親にも会い、2人に何度も説得したのですが、結局、離婚し、母親は竜くんをおいて出て行ってしまいました。
　父親をはげまし、がんばってもらうしかありません。父親は、竜くんには暴力をふるいませんでしたが、帰りがとても遅く、竜くんは夜いつもひとりぼっちでした。母方の祖母が、毎朝電車に乗って朝食を届けてくれました。
　雨の中で捨てられていた子猫を、「ぼくと同じじゃ」とだいて帰り、父親に叱られて学校へつれてきたときは、あまりにも不憫で、父親の許しがもらえるまで教室で飼いました。賢い猫で、授業中は段ボール箱の中で静かにしていて、給食のときは爪をたててツルツルすべりながら床を走り回って、牛乳をなめていました。行き帰りは、竜くんのセーターの中で胸にしがみついていました。ほかの学年にも知られて、困りかけた頃、父親の許しが出ました。

◆竜くんを支えてくれた子どもたちと保護者

　さびしいので、よく夜の9時頃に電話してきました。父親の会社に電話するとまだ会社にいました。「暴力は虐待だけど、小さい子をひとりぼっちでほうっておくのも虐待ですよ」と言いましたが、どうにもなりません。

　民生委員さんの電話番号も調べましたが、竜くんのつらさを、クラスの子どもたちは親身になって心配し、家に帰っても話していましたので、学級役員さんを中心に保護者が協力を申し出てくれました。遠足の弁当など竜くんの分まで用意してくれたときは、とてもありがたかったです。

　教師ひとりの力では、とても子どもの苦しみの原因をとりのぞいてやることはできません。でも、この先生は、ぼくの苦しい状況を知ってくれていると感じるだけでも安心し、甘えることができて、背負っている心の重荷が少しでも軽くなるのではないかと思います。ほかの子どもたちは、そういう教師の対応を見ながら、家で何かあるたびにたえきれずに泣いたり、荒れたり、くずれそうになる竜くんを、やさしく支えてくれました。

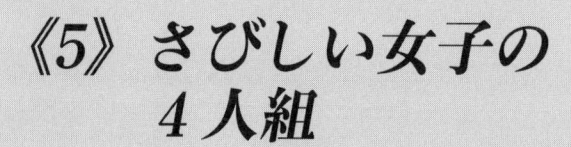

VI　問題を抱えた子どもへの対応

《5》さびしい女子の4人組

◆問題の4人をいっしょの班に

　前々任校でとびいりで6年生を担任したとき、ひそかに「さびしい4人組」と名づけていた女子グループがありました。家庭環境が似ていて、休み時間はいつもべったりくっついて、男の子の話なんかをしながら、お互いの傷口をなめ合っているような感じがしたのです。学年集会のとき、手をたたいて人数あわせをするゲームで、どうしても2人と2人、3人と1人に別れられず、4人でじっと固まっていたことがあって、ゲームをゲームとして遊べない「体と心のかたさ」にびっくりして、かわいそうに思いました。

　2週間後の班がえは「なりたい人がいい」ということになり、この4人も同じ班を希望したのですが、「その4人はひっつけたらあかんでェ」という声があがりました。5年生では不良グループのレッテルを貼られ、いつもバラバラにされて、深く傷ついていたのです。

　「それはおかしいでしょ。なりたい人となるって決まったんだから」と、同じ班にしてあげたらとても喜びました。彼女たちにとっては、班は、勉強中しかたなくいっしょにいるだけの「仮の宿」のようなものでしかなかったのです。おとなしい2人の男子と組んで3班になりました。

◆仕事をする中で、変わりはじめる

　班の中で班長を1人決めなければならなくなり、4人の中ではいちばんしっかり者のJさんがすることになりました。はじめての経験です。

　係活動は班ですることになり、3班は給食係に立候補しました。女子リーダーHさんのいる5班も給食係を希望しており、態度で決められたら5班に

傷口をなめあう関係から　仕事をする関係になって4人も変わりはじめ

わっ　仕事してる

リーダーシップや仕事をする姿を見せることでまわりのみんなの見方も変わっていった

子どもの気持ちに寄りそった柔軟な対応が子どもとの心のパイプをつないでいく

なるのは見えていました。何としても3班に勝たせたいと思い、こっそり「お箸を忘れた人のために、『お箸銀行』をつくって貸し出しをする」というアイデアを教えました。これには「おおーっ！」という声があがり、3班は5班を落として給食係をゲットしました。

　さっそく給食のとき、班長のJさんが「今週は私が給食当番やから、NさんとKさんで給食台だしてね。Mさん、牛乳キャップ入れ用意してね。うちらがとった係やねんから」と指示しています。Mさんはさっと動きましたが、2人は「うーん」と言いながら、いかにもだるそうに出していました。実は、彼女たちは今まで係の仕事や、給食やそうじ当番のときは、いつも4人でトイレに行ってしまって、まともにしたことがなかったのだそうです。

　リーダー的な女子たちがびっくりして、「あの子らが仕事してる！　先生が、なんであの子らいっしょの班にしたか、わかった」と言いにきました。

　傷口をなめ合うだけの関係から、仕事をする関係になったことで、4人も変わりはじめ、今まで発揮されなかったリーダーシップや、仕事をする姿を見せることで、まわりのみんなの見方も変わっていきました。

◆頭から怒るのでなく、子どもの心に寄りそって

　放課後、誰もいないはずの教室で4人が残って何か見ているようだったの

で、そっと近づいて「何、見てんの？」とのぞいたら、男の子の載っている雑誌でした。一瞬「しまった、見つかった！」という緊張感が走り、私も「どうしよう……」とドキッとしましたが、ゆっくりとそばの机に軽く腰かけて「なに、この男の子、変な頭！」と指さすと、「先生、何言うてんの、これがいま一番人気あんねんで」と得意になって説明し始めました。

私も調子にのって、「えー！ こっちの方が男らしいわ」などと、しばらくいっしょにキャーキャー言ってから、急に気がついたように「ちょっと、何、これ？ こんな勉強に関係ないもの、持ってきたらあかんやんか。明日から持ってきなや！」と言うと、4人とも「は〜い」と肩をすくめました。

頭から怒られて本をとりあげられると思ったら、いっしょに見てくれたのがとても嬉しかったようだと、家庭訪問でJさんの母親から聞きました。

頭から高圧的に怒るのでなく、子どもの気持ちに寄りそった柔軟な対応が、子どもとの心のパイプをつないでいく上でとても大切だと思います。

◆4人の告白

家庭訪問の最終日、4人はうす暗い校門の前でずっと私を待っていました。5年のときに、くつかくしやいじめなどがあったことを親たちから聞いたと思うが、自分たちがやってないことでも、何でも真っ先に疑われて犯人にされ、「どうせ悪く思われているなら、悪くなってやる！」と思って、悪いこともしてきた、とうちあけてくれました。

「いろいろあったことは聞いたけど、先生は、噂で人を決めないよ。自分の目で見て、自分の耳で聞いて、自分の心で感じたことを信じる。4月からのあなたたちは、J班長を中心に係の仕事も当番もよくがんばってる。ちょっとおませやけど、いい子らやと思ってるよ。もっと自分を大事にしてほしいな。先生がこんなに大事に思っているのに、そのあなたたちが自分を大事にしなかったら、先生はそれを一番怒る」と言ったら、うなずいていました。

先入観をもたず、決めつけず、今の姿を認めてやりながら、傷ついてきた思いや願いを聞きとって、子どもへの理解を深めていくことが大事だなと、4人の告白をとても嬉しく思いました。

Ⅶ 学級崩壊で苦しまない ために

　子どもたちは、さまざまなストレスをかかえ、エネルギーをもてあましています。自然のままに放置していると、やがて群れの状態になって、教師の見えないところで弱肉強食の人間関係がつくられていきます。そして、次第に教師への反抗、授業不成立、学級崩壊へとすすんでいきます。
　私の新任のときの苦い経験をふり返り、学級崩壊で苦しんでいる先生たちの話を聞くにつけ、今あらためて、子どもの力を信じ、子どもたちといっしょに「学級集団づくり」をすすめる以外に、まともな授業も、平和で民主的な楽しい学級もつくれないと強く思うのです。

VII 学級崩壊で苦しまないために

なぜ「学級集団づくり」が必要か

◆やりなおせるものなら、新任のときの5年生を

　私の教師1年目は、5年生を担任したのですが、毎晩夜中の3時まで教材研究をしても、授業が思うようにすすめられず、一人の男子の指導につまずいて、この仕事は私には向いていないのではないかと悩みつづけた1年間でした。

　当時はまだ、「子どもの"荒れ"はヘルプを求めるサイン」だとか、「子どもは子ども集団の中で変わっていく」などという視点がなくて、「この子を何とかしなくては！」と、彼の苦しみを理解しようとするのでなく、問題行動だけを諫め、つねに一対一で対決していて、学級集団に投げかけてみんなで考えていくということもしませんでした。朝7時半に教室に行って、夕方7時半に教室から家に帰るというような毎日で、学年の先生に相談することもせず、一人で悩んでいました。

　まだ、今のように新任研修も多くなく、毎日、放課後も子どもたちとじっくりつきあえたのがせめてもの救いだったと思います。私が自分で乗り越えるのを、職場の先生方や保護者のみなさんがまん強く見守っていてくれたから、今の私があるのだと、とても感謝しています。

　3月のはじめに、彼は万引き事件をおこし、家庭の事情もあって転校することになりました。修了式の日、女の子たちが教室に残って「6年生に持ち上がってほしい」と言ってくれて嬉しかったのですが、「6年生は修学旅行や卒業式など大きな行事があるのに、もし甲状腺の病気が再発したら、迷惑をかけるから」と断り、翌年は1年生を担任しました。

　その子たちが20歳になったとき、6年に持ち上がらなかった私を同窓会に

呼んでくれたのです。でも、気になっていた彼はその後、住居を転々としたらしく連絡がとれなかったとのことで、きていませんでした。

　人生の中で一度だけやり直しのチャンスがもらえるなら、あのクラスをもう一度担任したいと思うのです。

◆学級づくりは、集団づくり

　2年目から、たくさんの教育研究サークルがあることを知り、片っ端から勉強しに行きました。子どもたちの作文や、図画をどっさりかかえて「こんなのしか描かないんです」と出したとき、見てくれた先生たちに、「これのどこがわるいの？」と言われて、「えーっ、これでいいんですか？」とびっくりしたら、「子どもの作品に"カス"はないんや」と言われて、「あー、なんて傲慢な見方をしていたのだろう」とハッとしました。

　いろんなサークルが、行くたびに「目からウロコ」の感動の連続でしたが、3年目に、これをずうっと続けていたら3年ぐらいたったら死ぬかも知れないと、ふっと思いました。そのとき、「全部やらなくても、どれか一つを極めたらすべてに通ずるものがわかるよ」と言われて、「それなら学級づくりだ」と思い、4年目からは全国生活指導研究協議会（全生研）のサークルひと筋で勉強してきました。

　全生研での学習は、私の全身で文明開化をおこすような強烈なものでした。まず「**教師は、すぐれた演技者であり、演出家でなければならない**」という

言葉で、それまでの内気な自分の変革がはじまり、子ども集団の科学的な分析、「班・核・討議づくり」という学級集団づくりの方法と、集団発展のすじみち、そして、集団あそびや文化活動・行事などなど、目をくりくりさせながら、ぐんぐん引き込まれていきました。

サークルでは、つねに実践をレポートしては、自分のひとりよがりなところを分析してもらい、子どもを見る視点を洗い直させてもらいました。38年間、なんとか大きなミスもなく教職を全うできたのは、学級集団づくりの視点を持ち続けてきたからだと思います。

◆群れと、集団のちがい

✤カマキリとバッタの話

新卒5年目に担任した4年生で、オオカマキリをもってきた子がいて、教室で飼うことになりました。校庭の草むらからバッタを2、3匹とってきてあたえると、大きな前足のカマで、逃げまくるバッタをとらえて頭から食べていく様子を見た子どもたちは、自然のおきての厳しさを感じていました。

昼休みに、「先生、このままやったらカマキリが死ぬ！」と、職員室にかけこんできたので行ってみると、小さな虫かごに30匹ぐらいのバッタが入れられていて、バタバタと飛びまわりながらカマキリの体にぶつかるので、オオカマキリがよたよたと倒れかけていたのです。大急ぎでバッタを外に出して、また2、3匹ずつ入れることになりました。

そこで、「集団」を教えるチャンスと思い、こんな話をしました。

「今、バッタたちは、自分だけが助かりたいと必死で逃げまわっていたね。それでも、偶然にカマキリを倒しかけた。もし、このバッタの中に1匹でもリーダーがいて、『なあ、みんな、このままだったらぼくらは1匹ずつ食べられて全滅してしまう。みんな、こっちに集まって、ぼくのかけ声にあわせて、いっせいにカマキリにぶつかってみないか。そしたら、カマキリを倒せるかも知れない』と言って力をあわせたら、カマキリは倒れて、バッタは食べられずにすんだかもしれない。

こんなふうに、仲間の中にリーダーがいて、みんなの命を守るという共通の目的（願い）に向かって、協力してとりくんでいくのを『集団』って言います。悲しいかな、バッタにはリーダーもなく、30匹がみんなばらばらに行動していた。こういう状態を『群れ』と言います。群れは、自分たちだけでいると平和に暮らせるかというとそうでもなくて、強いものが好き放題しだして、弱いものは小さくなって１年が過ぎるのを待っているだけになるのです。みんなは、群れがいいですか。集団がいいですか？」と聞くと、みんな元気よく「集団！」と答えました。

✤集団とは

　集団には、共通の目的（願い・要求）と、それを実現するための「活動目標」があり、それにとりくむ組織（班）と、そのとりくみの先頭に立つリーダー（班長）が必要です。目的によっては、実行委員会やプロジェクトチームなど、多様な組織ができるので、必ずしも班長だけではありません。
　子どもたちが楽しいと思える学級は、実は「学級集団」になっているので

97

す。教師一人では絶対にできません。そのために班をつくり、班長やそのほかのさまざまなリーダーを育てるのです。

　そして、そのリーダーの指示が正しければ協力し、ボス的になったり、私利私欲で引っぱっていこうとしたときは、拒否したり批判したりする目や力を、まわりの子どもたちにはつけていき、だれもが安心して暮らせる平和で民主的な楽しい学級にしていくのです。

　でもこうしたとりくみは、自分一人ではまちがいをおかすかも知れないので、学年やサークルなどで、実践を出して学習しながらすすめていくことが大切です。

◈リーダーづくり

※リーダーに育てる

　今は、はじめからバリバリのリーダーなんてそうはいません。また、リーダーを決めても、活動の場がなければ名前だけで終わります。

　自分から立候補したり、ジャンケンで決めたり、押しつけられたりなど、どんなかたちであれ、班長やリーダーになってくれた子には、活動の場（活動目標）を設定し、はげまし支えながら、実質的なリーダーに育てていくことが大事です。

※騎馬戦リーダー

　6年生の紅白騎馬戦で、紅組の騎馬つくりをしたとき、馬に乗りたい男子が多く、中でも体も大きく腕力もあるBくんが「俺が大将になる」と言い張りました。そこで、順番に乗りたい子を支える馬をつくってみることになりました。Bくんは自分を支えられる子どもたちを選んで立派な騎馬をつくりました。が、そうするとほかの騎馬ができません。

　私が「Bくんを乗せる馬、1騎つくったら、ほかの馬全部しょぼいでー。大将だけで勝てるか？」と聞いたら、「無理や！　先生、俺、勝つ馬の顔になる！　紅組勝たせたいんや、最後の運動会やし」と言ったので、「そうか！

私利私欲を捨てて、紅組優勝のためにがんばると決意したBくんは紅組の騎馬戦リーダーになれる！　どうや、みんな、Bくんに騎馬の組み合わせの原案を考えてもらえへんか？」と言うと、「ええでー！」と言いました。
　Bくんは「俺一人では無理や、KくんとRくんもいっしょに考えたい」と、みんなに了解をとって3人でバッチリの案をつくって提案し、休み時間にもすぐ騎馬がつくれるように練習していました。
　練習試合は一勝一敗で、負けたときは3人で集まって負けた原因を分析していました。帽子のかぶり方も工夫し、とにかく「大きな声を出して、相手を圧倒する！」という作戦で、本番は見事に優勝して大喜びで、みんなで3人のリーダーに拍手しました。Bくんもとても満足そうでした。たとえ、負けていたとしても、だれ一人悔いのない練習だったと思います。
　みんなの願いや要求を、実現する活動の先頭に立つのがリーダーです。班のとりくみだけでなく、いろんな活動の中で多様なリーダーをうみだし、先生といっしょにクラスの問題を相談し、つぎの課題に向かってすすんでいく仲間として、育てていくのです。

◆文化活動・行事を大切に

❖学級崩壊に悩む晴子先生

　一昨年の10月、尼崎の生活指導サークルに、教師になって2年目の晴子先生が職場の人といっしょに来られました。1学期は楽しく、運動会もがんばってとても盛り上がったのに、その後、Ｚくんを中心に一部の男子が反抗的になり、今では管理職や空き時間の先生に教室に入ってもらってやっと授業が成立しているとのことでした。

　きっかけは、子どもたちが「先生、もう1時間これをつづけさせてーや！」と言ったことに対して、授業の進度がおくれていたのと、若いからなめられてはいけないと、「ダメです。時間割通り、つぎは算数をします」とつっぱねたことで、Ｚくんが「フン、けち！」と言ってから、急に態度が反抗的になり、今は教室に行くのも楽しくないということでした。

　若いからこそ、子どもの気持ちがわかってあげられるはずなのに、まわりの目を気にして、時間割通りに授業もすすめなければと、あせってしまったのです。そんなに子どもたちが熱中してつづけたいと言ったのなら、「うーん、困ったなあ。勉強も遅れてるし……、でもそんなにがんばってるなら、今回だけやで！」と念を押してさせてあげればよかったなあと思います。そうすれば「ありがとう！　先生、話せるやん」と恩にきたでしょう。

　1時間ぐらいの遅れはいつでもとりもどせます。子どもに迎合するというのではなく、状況判断で柔軟に対応できるボディーと感性を鍛えることです。

❖まず、学級を分析することから

　学級崩壊といっても、授業中に全員がつねに騒いでいるわけではありません。中心になって騒いでいる層、それをおもしろがってはやしたてている層、全く無関心に自分のことだけしている層、こんな状態はいやだなあと思っている層の、だいたい4つに分かれます。

　4つ目の層の中には、もうあきらめて自分も騒いでしまっている層と、ま

○騒ぐ学級は**4**つの層に分かれる○

1. 中心になって騒いでいる層
2. それをおもしろがってはやしたてている層
3. 自分のことだけしている層
4. こんな状態はいやだと思っている層

あきらめて自分も騒いでいる層

何とかしたいと思っている層

だ何とかしたいと思っている層があります。何か事件があったときに、作文を書かせると、その問題に対する子どもたちの意識がつかめますが、どんなときも、だいたいこの4つの層に分かれると思います。そこで当面は、まだ何とかしたいと思ってくれている層の子どもたちまであきらめてしまわないようにがんばろうということで、晴子先生といっしょに学級分析をして、学級改造プランをたてることになりました。

　中心になっているZくんとその周辺の子はすぐに名前があがり、何とかしたいと思っている子が班長の中に多かったのが幸いでした。実は、Zくんも班長だったのですが。

✲指導目標をたてる

　さっそく、子どもたちが力をあわせてとりくめるような楽しい活動を提起できないかを検討したら、幸いなことに、11月に学年ドッジボール大会があるということでした。

　「でも、優勝は1組に決まっているんです。とても強いので」と晴子先生はあきらめたように言われたので、「それは、かえってラッキーよ！　負け

てもともとだから。何もせずにはじめからあきらめてボロ負けするか、たとえ負けても悔いのない練習をして勝負にのぞむか、どっちを選ぶかやね」と言うと、「Ｚくんはドッジボールが大好きなんです！　きっと、のってくると思います」と、晴子先生の目が輝いてきました。

　このドッジボール大会へのとりくみで、班長会が学級をリードする態勢をつくる、そして、Ｚくんを中心としたボールリーダーたちで、ボールの苦手な子を強くし「負けても悔いのないドッジボール大会」をやりきり、学級崩壊を脱出し、友情と連帯の「４の２」をめざす、という指導目標をたてました。

✽活動目標は「ドッジボール秘密作戦」

　活動目標は、「ネーミングが大事よ。『ドッジボール秘密作戦』がいいね。ワクワクするように！」と助言し、さっそく班長会に提案する「学級会の原案」つくりです。

　「提案理由」には、「学級の現状」を書き、「今のままなら簡単に負けると思うけど、みんなで団結して悔いのないたたかいをしたい」。「提案内容」は「ドッジボール秘密作戦」。「めあて」と「具体的なとりくみ方」を班長会で相談することにして、次回は、ドッジボール大会前にサークルの会を持ち、晴子先生にとりくみの状況を報告してもらうことになりました。

　その11月のサークルでは、「作戦大成功！」とニコニコ顔での晴子先生の報告です。班長会で提案したら、しぶしぶ班長会に出てきたＺくんは、思わぬ議題に目が輝き、いちばん乗り気で「やった！　ドッジボール秘密作戦や！」と、みんなで案を出し合ったのです。強い子が少々いても、弱い子が次つぎに当たって外野に出たら、絶対に中には戻れないから勝てない。全員をそこそこのボールなら受けられる・投げられるように強くするために、ボールリーダーを決めて、４人１組で練習しようということになり、Ｚくん中心にクラスがまとまり、休み時間もがんばっているとのことでした。

　班長会に、ボールリーダーも参加させ、だれがどれぐらい強くなってきたかを報告してもらったりして、班長会の位置づけを、この際にしっかりさせ

ることをアドバイスしました。

　クラス全員が、一つの目標に向かって、リーダーたちを中心に活動しはじめたことで、学級崩壊状態を脱出し、授業中も落ちついてきたのです。

　しかも本番では、なんと1組に勝ったのです。が、3組に負けて三つ巴になり優勝はありませんでした。でも、子どもたちは嬉しくてお祝いの会をしようと言いだし、12月も活動目標をもって、班長会を中心に、学級集団として動き出したのです。

✢活動の「総括」をして、次の課題へすすむ

　ここで、大切なことは、ただ感情的に「わあーっ！」と盛り上がって終わるのではなく、活動の「総括」をしっかりとすることです。何がよかったのか、だれががんばったのかなどの、前進面と、どんなことが課題として残ったのかを明らかにすることです。そうすれば、次は、その残された課題を克服するためにどんなとりくみをすればよいかが、活動目標として出てきます。それが、学級を「集団」として前進させていくのです。

◆楽しい活動で子どもたちのエネルギーを結集する

　４月にＳ小学校に転勤して、いきなり昨年度荒れたと言われていた６年生を担任したＴ先生は、子どもたちが担任の様子をうかがっている初期の間に、とにかく楽しいことをいっぱいしようと、ゲーム大会や班対抗リレーやおにごっこなど、つぎつぎとやっていったら、歌やダンスにものってきて、「本当にこのクラスが昨年荒れていたの？」と思った、と話されていました。

　「お誕生会をしようか」と提案すると、「今まで、そんなん、してもらったことない！」と、とっても喜んだので、長年教師をしているけど今回はじめて、画用紙を６枚貼りあわせたジャンボバースデーケーキをつくったら、それも大喜びだったそうです。

　毎月、画用紙のロウソクもつくり、班やグループの出しものもやり、一人ずつ写真も撮って「しき紙」にはって、メッセージを書いてプレゼントしているとのことでした。子どもたちは自分の月の誕生会を待ちかねていて、もらった「しき紙」はサランラップをまいて机に飾っているということです。

　「６年生で、毎月のお誕生会は時間的にも大変でしょう」と言ったら、「いや、これがあったから、毎月活動目標があって、崩れずにきたと思う。家庭的な問題をかかえている子もその中で少しずつ変わってきて、サークルでいろんなことを学んできて本当によかった」と言ってくれました。

　お誕生会さえすれば、落ちつくということではありません。班やグループの出しものをつくりあげながら、荒れという形で発散していたエネルギーを、楽しい前進的なとりくみに結集して、思いっきり発散させるのです。荒れの方向に発散しても、決して心は満たされることはないからです。

✤班の出しもの練習で、出会いなおしたＢくんとＴくん

　一昨年の６年生は９月生まれの子が多く、運動会の組み体操の練習をしながらも、お誕生会にとりくむことになりました。

　班の出しもの練習がはじまって２回目のとき、５班のＴくんが組み体操の練習に出てこないで、１時間中教室で固まっていたのです。５班に事情を聞

くと、班の出しもので上杉謙信と武田信玄の闘いをすることになり、Ｔくんはノくんの肩車で「やー、やー、われこそは！」と口上を言わなければならないのですが、大きな声が出せず「ひゃー、ひゃー」と弱々しいので、Ｂくんが「もっと大きい声、出せや！」と怒鳴ったということです。

　よくよく聞いてみると、怒鳴っただけではなく、頭もコツンとやったというので、「暴力は、あかんやろ」と注意したら、「こんなやつ知らんわ！ちょっと言うたぐらいで、泣いて固まって。だいたい先生が甘やかすからや！

　いっつも『Ｔちゃん、どうしたの？』言うて、俺らに言うみたいに『Ｔ、泣くな！』って言えばいいねん」と、矛先が私に向いてきたのです。

　「こんなやつ知らんって、あなたたちは１年生のときからたった２クラスで、同じクラスにも、同じ班にもなったことはあるでしょう。１年のときＴくんが校門の前で泣いて、なかなか教室まで来れなかったことも知ってるでしょう。もし、先生が、『Ｔ、泣くな！』って強い言葉で言って、明日からＴくんが学校に来なくなったら、Ｂくん、責任とってくれる？」と聞いたら、「それは無理や」と言いました。

「Tくんは、1年生よりは2年生、2年生よりは3年生と、確実に成長してきてる。6年生では欠席も遅刻も少ない。あなたのようにガアーッと成長する人と、Tくんのようにゆっくり成長する人と、人間の成長のしかたにはちがいがあるんや。Bくんは、Tくんを固まらさんようにつきあえるようになったら一人前や。あなたたちは同じ教室にいても、ずっとすれちがってきて、今はじめて出会いなおしをしてるんや」と言いました。

✲出会いなおしで深まる友だち理解

次の練習のときも、Tくんがまた固まっているので「何をされたの？」と聞くと、側からBくん「あー、また俺らがやったと、決めつけてる！」と言うので、「ごめん、ごめん。ついうっかり。どうしたの？」と聞き直しているところに、ほかの班が呼びに来たので、「ちょっと待っててね。あとで、溶かしに来るから」と言ってその場を離れ、15分ほどしてもどってくると、Tくんたちが笑いながら練習をしていたのでびっくりしました。

Bくんが「先生、もう来んでええで。溶かしかた、わかったし」と言うのです。いつも班がえの前に書く「今の班について」の作文に、「3人の男子が一生けんめいTくんを笑わそうとしているのを見て、自分たちが笑ってしまった」と5班の女子が書いていました。真剣に働きかけてくれるBくんたちの姿に、Tくんの心が動いたのでしょう。

1学期は偶然にも、Tくんの気持ちを察知してくれる子どもたちと同じ班になっていたのです。もし、お誕生会の、班の出しものがなかったら、給食とそうじと勉強だけなら、おたがいにかかわりあわずに、またすれちがって別れていたかも知れません。出会いなおしで、友だち理解が深まるのです。

もしかしたら、先生の気づかないところで、もっとたくさんの出会いなおしのドラマがうまれていたかもしれません。

◆文化活動のもつ威力と魅力

私は、何年生を担任しても、2～3か月に1回はお誕生会をしてきました。お誕生会は1回したら、あとは忙しいからパスというわけにはいきません。

たいてい3月生まれの子までいますから、5〜8人ずつで、2〜3か月に1回、1年に5回はします。みんな自分たちの誕生会を楽しみにしています。

その誕生会で必ず、班の出しものも入れます。はじめの頃は、合奏などはよい方で、なぞなぞや、テレビの物まねの「さわって、さわって（箱の中のものを、さわって当てる）」など、まだ文化性の低いものが多いですが、会が重なるにつれて高まっていきます。文化活動には、集団の質を高める威力があるのです。

班の出しものには、話し合いも含めて最低5時間はとってやります。子どもたちは、自分たちのやりたいことには、とても上手に時間を生みだしていきます。朝の休み時間や、たまに私が授業に行くのが遅れると、ちゃっかり練習をはじめていたりします。そのときは、困った顔をしながらも、させてあげます。

内容はさまざまですが、中にはUFOキャッチャーでとった人形をもちよって、オリジナルのシナリオを書いたり、劇を考えたり、劇とクイズでもめたら「劇中クイズ」をとりいれたりと、もめながら完成させるまでの、この練習中にできる親密さが、たまらなく心地良いのです。これが、文化活動のも

つ魅力なのです。

　このお誕生会は、子どもたちには活動目標なのですが、教師には、実は、指導目標があります。気になる子が、このとりくみでどう成長していけるように仕組むかです。なかなか集中してくれなくて、班のみんなを困らせていた子を、今度の班では、彼を主人公にしたシナリオでやる気を引き出し、いっしょに完成させて喜び合えるようにし、彼の成長をみんなでたたえ、彼への固定概念をくだくというようにです。班長がいちばん苦しんでいますから、班長といっしょに作戦を立てると、班長がいちばん喜ぶのです。

◆学校を心から楽しいと思えるところに

　いま、子どものいじめが大きな問題になっていますが、学校が、子どもたちにとって心から楽しいと思えるところになっていたら、いじめなどをする気にならないのではないかと思うのです。

　自分の出番を、班の仲間が、クラスの仲間が待ってくれているようなとりくみが継続的にあって、そのことが嬉しくてたまらなかったら「いじめなんて、そんなこと、やめとき」と言ってくれるのではないかと思うのです。

　だから、私は、学習指導要領が変わってどんなに忙しくなっても、ずーっとお誕生会をし続けてきたのです。

　今の子どもたちのかかえている問題は、大人社会の矛盾が凝縮してあらわれているのですから、家庭や地域、行政などへの働きかけも当然必要で、学校の中だけでかんたんに解消されるようなことではありません。でも、せめて教室の中だけでも、できれば学年も、可能なら学校も、友情や連帯が感じられて、心から楽しいと思えるところにできたらいいなあと願って38年間、実践をつづけてきました。

●──あとがき

　私に、この本を書く決心をさせてくれたのは、昨年（2006年）11月に、和歌山大学の船越勝先生のお招きで、教育学部で2時間ほど講演させていただいたときの、学生さんたちの感想文でした。
　「問題をかかえた子どもを、こんなふうに見る見方があったなんて、初めて知って感動しました」とか、「最近、教師になる気を失いかけていたけど、やっぱりやりがいのある仕事だなあと元気が出てきて、がんばってみようと思いました」とか、一人ひとりの感想文を読みながら、私のつたない話からこんなにもたくさんのことを感じとってくれたのかと、学生さんたちの前向きで純真な受けとめ方に感動して、逆に、私の方が元気をもらいました。
　そして、そのあと船越先生からいただいたメール──「今日のお話をもとに『のんちゃん先生の楽しい学級づくり』の続編を執筆していただくといいのではないかと思いました」という言葉で背中をドンと押されたのです。
　でも、「続編」ではなく、これから教師になろうとする学生さんたちへの応援のエールとして、なんとか新学期に間に合わせたいと、全力で書き上げました。はじめての担任だけでなく、何度も担任している人にもお役に立ててほしいと思いますし、できれば『のんちゃん先生の楽しい学級づくり』とあわせて読んでいただけるとうれしいです。

　1998年に今の学校に転勤してきてから『のんちゃん先生』の本を出版する02年までは中学年の担任が多かったのですが、その後、退職までの3年間は、12年ぶりの1年生、17年ぶりの6年生、そして新任の先生といっしょの3年生と、とても貴重な経験をさせてもらいました。そして、今は臨時講師として週24時間勤務の新学習システムで、5・6年生の算数の授業に入るという、これもまたはじめての経験をしています。
　1年生はかわいくて「生まれてから、まだ6年しか生きてない」と思うと、何をしても怒る気になりません。先生と看護師さんは優しすぎるぐらい優し

くてもいいなあと思います。甘やかすというのではなく、子どもをいつくしむという意味で。

　翌年、6年生にと言われたときは、2年と4年で担任した子どもたちだったのですが、6年の担任は17年ぶりだし、体力がもつかどうかがとても心配でした。それに、人数も多い2学級で「いくらかわいかった子どもたちでも、6年になったら変わるよ！」と、みんなも心配してくれました。

　でも、始業式の翌日に書いてもらった作文で、男子が「先生へのお願い！お誕生会は絶対にしてほしい。ピクニック給食もしたい。みんな遊びもしたい。手品もいっぱい見たい」と書いているのを読んで笑ってしまい、そんな不安はふきとんでしまいました。

　6年生だからといって、眉をつりあげ、肩をいからせる必要はないのです。子どもたちはみんな、楽しい1年間になったらいいなあと願っているのですから。そして、「荒れ」ている子は、先生に助けを求めて叫んでいるのですから。その心の叫びを聞きとり、子どもたちの願いをしっかり受けとめて、いっしょに楽しい1年にしていこうと、率直に訴えたらいいと思います。

　ただ、教材研究は大変です。授業している時間がいちばん長いのですから、授業も楽しくなるように工夫しなくてはなりません。

　最後の年は新任の人といっしょだったので、私も彼といっしょに、一から新鮮な気持ちで学びなおしができて、感謝しています。年輩者にとっては当たり前でわかりきったことでも、若い人にはとても新鮮なんだということも改めてわかり、力の続くかぎり応援していきたいと思いました。

　ひとりで書くには、荷が重すぎるテーマでしたが、とても的確なたくさんのアドバイスをしてくださった高文研の金子さとみさん、そして、すてきなイラストで内容をより豊かにしてくださった漫画家の広中建次さん、ほんとうにありがとうございました。

　　　2007年2月

　　　　　　　　　　　　　　　　　　　　　　　　　野口　美代子

追　記

　近年の不審者などの侵入による学校での痛ましい事件を受けて、学校現場では靴箱やロッカーの児童の名札については、「出席番号」など「名前」を表示しない工夫をされており、本文中の「名前」や「名札」と記載されている部分を、「出席番号」や「出席番号札など」と読み替えていただきますようお願いいたします。

2019年5月2日

野口美代子（のぐち・みよこ）

1946年、兵庫県尼崎市に生まれる。1968年3月、神戸大学教育学部卒業。同年4月、尼崎市立名和小学校を出発点に、常光寺小学校、園和小学校を経て1998年に立花小学校へ。2006年3月、同校で定年を迎える。その後、再任用教師として09年3月まで勤務。
全国生活指導研究協議会元全国委員。
著書『のんちゃん先生の楽しい学級づくり』（高文研）、共著書に『メッセージ学級集団づくり〈5〉夢のある少年期を生きる』（明治図書）『女性教師――その眼と心』（高文研／絶版）『学級崩壊Ⅲ　小学校中学年』（フォーラム・A）『教育実践事典（4）生活指導』（旬報社）

はじめて学級担任になるあなたへ

- 2007年3月30日―――――――第1刷発行
- 2019年6月1日―――――――第6刷発行

著　者／野口　美代子
発行所／株式会社　高文研
東京都千代田区神田猿楽町2-1-8 〒101-0064
TEL 03-3295-3415　振替00160-6-18956
http://www.koubunken.co.jp
組版／株式会社Web D
印刷・製本／精文堂印刷株式会社

★乱丁・落丁本は送料当社負担でお取り替えします。

ISBN978-4-87498-380-5　C0037